KB049932

정몽
正蒙

책세상문고·고전의 세계

정몽
正蒙

장재 지음

·

장윤수 옮김

책세상

정몽 | 차례

우리는 주변에서 기氣와 관련한 광고물을 쉽게 찾아볼 수 있다. 벽보판에서부터 신문·잡지 등의 광고란, 직업적인 홍보 자료들에서 기 관련 광고를 많이 접하게 된다. 그러나 이 모든 광고를 전적으로 거부해버린다 하더라도 여전히 무시할 수 없는 또 하나가 있다. 우리가 잘 알고 있는 주변 사람들의 체험담이다. 이들이 기와 관련된 수양을 하거나 또는 치료를 받고서 매우 뛰어난 효험을 보았다는 예가 가장 흔하다. 그런데 문제는 이들 중 일부는 무시해도 좋을 만큼 그렇게 허황된 사람이 아니라는 사실이다. 이들은 자신들의 신비적 체험에 대해 스스로조차 놀라워하고 끊임없이 의심해보는 합리적 사고방식의 소유자다. 그렇다고 해서 이들의 말을 전적으로 믿고 따르기에는 아직도 석연찮은 구석이 있다. 체험적 기를 언급하는 이들 가운데 상당수가 아직은 가능성 정도의 차원에서만 기 개념을 언급할 뿐이지 제대로 된 개념 정립이나 체계적인 설명 방식을 갖고 있지 못한 듯하다.

우리가 사용하고 있는 어휘 중에서도 기와 관련한 용례는 매우 다양하다. 우선 "천기天氣를 누설하지 마라", "한기寒氣가 든다"라고 할 때처럼 만물이 생성되는 근원으로서의 기와 자연 현상을 표현하는 기의 용례가 있다. "혈기血氣를 죽여라", "정기精氣가 빼어나다"라고 할 때의 생물학적 혹은 인간의 정신 기능에 관련된 기의 용법도 있다. 이외에도 "서기瑞氣가 감돈다", "악기惡氣로 가득 차다"라고 할 때처럼 자연적인 것인지 아니면 인간사에 관한 것인지조차 짐작이 가지 않는 표현들도 있다.

기란 현대인의 삶에서 많이 주목받고 있는 문화적 코드 가운데 하나이다. 동시에 우리의 실생활과 관련한 수많은 어휘들에서 여전히 생명력을 가지고 있는 주요 개념이기도 하다. 그렇다면 기란 정신적인 것인가 아니면 물질적인 것인가? 실제적인 내용인가 아니면 어떠한 운행상태를 일컫는 말인가? 본체인가 현상인가? 자연 그 자체의 질서를 나타내는가 아니면 인간이 자연에 가하는 해석의 체계일 뿐인가? 이 모든 것이 불확실하기만 하다. 결국 기와 관련한 모든 논의는 '기란 무엇인가'라는 물음에서 시작될 수밖에 없다.

바로 이 점에서 우리는 장재張載를 주목하게 된다. 장재는 기가 무엇인지를 가장 모범적이고 체계적으로 논증한 학자이다. 그는 기 개념을 중심으로 세계-자연-인간을 체계적으로 이해하고자 했다. 그리고 그의 사상은 중국 근세철학의 사상적 연원이 되었다.

장재의 사상은 살아서나 죽어서나 제대로 평가받지 못했다. 생전에는 조카뻘인 정호程顥와 정이程頤 형제의 그늘에 가려졌으며, 죽어서는 정이와 주희朱熹로 이어지는 정주학程朱學[1]의 '정통' 계보에서 한 걸음 비껴 있는 것으로 평가되어 소홀히 연구되었다.[2] 특히 정·주 계열의 '정통' 주자학朱子學의 순수성을 강조하던 한국적 성리학性理學의 풍토에서 장재의 사상이 갖는 의의는 〈서명西銘〉[3]에 대한 관심 이상도 이하도 아니었다. 해방 전후 백 년간 전통 유학이 이룬 연구 성과를 살펴보면 이러한 분위기는 오늘날에도 마찬가지다. 사실 최근 몇 년 동안 신진 학자들의 논문 몇 편이 주목을 받기는 했지만, 장재에 대한 연구는 장재와 비슷한 비중을 지닌 여타 학자들에 비해서는 여전히 빈약한 실정이다. 여기에는 여러 가지 이유가 있겠지만, 우리 학계에 여전히 정통 계보를 따지는 편협한 도학적 사고가 남아 있기 때문이다. 이러한 사상적 편견은 하루빨리 불식되어야 할 것이다.

그런데 중국은 우리와 사정이 다르다. 1949~1966년 중국에서는 마르크스주의가 광범위하게 보급되면서 철학 연구의 관점과 방법이 전면적으로 바뀌었다. 이 시기에 전통 철학의 가장 인기 있는 연구 주제는 단연 선진先秦 시대의 철학이었으며, 그다음이 명말청초明末淸初 시대의 철학이었다. 반면 종래 최고의 지위를 누려왔던 송명이학宋明理學은 봉건 사회에서 지배 계급의 논리를 보강하는 데 이용되어온 보수·반동적 유심론唯心論으로 규정되어 가장 많이 천대받게 된다. 그러나 유독 장재 철학만은 지나치다 할 정도로 관심과 애정을 많이 받았다. 그렇다면 현대 중국의 철학자들이 장재 철학에 그토록 깊은 관심과 애정을 보이게 된 이유는 무엇인가? 한마디로 말해 장재 철학의 기 개념 때문이다. 그들은 중국 전통 철학의 기 개념을 아무런 의심 없이 물질 개념으로 이해했으며, 바로 이러한 점에서 기 철학의 대표자라 할 수 있는 장재의 사상에 주목했던 것이다. 현대 중국철학자들은 철학사 자체를 유물론唯物論과 유심론의 투쟁사로 보고, 유물론과 유심론으로 나누는 준거로 '이理'와 '기' 개념에 주목했다.

그렇다면 과연 장재는 유물론자인가? 그리고 그가 주장하는 '기'라는 것은 물질 개념으로 환원될 수 있는 것인가? 사실 이 문제는 간단하지 않다. 기의 의미는 학자에 따라 다르며, 심지어 한 학자가 여러 의미로 받아들이는 경우도 많다. 기는 추상적인 것으로 이해되어, 만물 생성의 근원이 되는 무차별적 원질原質을 뜻하기도 한다. 그러나 한편 기는 구체적인 것으로 이해되어 현존하는 개개의 사물을 이루고 있는 물질적 요소를 뜻하기도 한다. 장재에게서 기란, 인간과 인간을 둘러싸고 있는 모든 세계를 역동적·상관적으로 이해하기 위한 가장 고유하고도 보편적인 개념이며, 또한 당시 시대사조였던 도가와 불가의 세계관에 대항하기 위해 강조된

'역사적 개념'이다. 장재는 기 개념을 중심으로 유가의 전통적인 유적有的 세계관을 체계화하고자 했다.

장재의 '기론'을 제대로 이해하려면 무엇보다도 그의 주저인 《정몽正蒙》을 살펴보아야 한다. 《정몽》은 장재 철학의 가장 핵심적인 저작일 뿐만 아니라, 중국철학사에서 빼놓을 수 없는 기본 저작이다. 이 책은 중국의 전통 기론을 집대성했고, 또한 후대에 등장하는 기론과 관련한 거의 모든 논의에서 기본 텍스트의 역할을 했다. 그러므로 '기란 무엇인가'라는 애초의 물음과 관련하여 우리가 선택할 수 있는 가장 좋은 자료가 《정몽》임에는 분명하다. 장재는 벼슬을 그만두고 고향에 돌아온 후 7년간, 온종일 한 방에 정좌한 채 도에 뜻을 두고 깊이 생각하는 것을 잠시도 멈추지 않았다고 한다. 이 7년간의 고심과 정밀한 사색의 결과가 바로 《정몽》이다. 그는 쉰일곱 살에 《정몽》을 지어 제자 소병蘇昞에게 주면서 "이 글은 여러 해 동안 고심하여 얻은 것이다. 그러므로 이 글은 앞 시대 성인의 말에 거의 부합될 것이다"라고 했다. 이 것은 《정몽》이 장재 사상의 정수임을 표명한 말이다.

《정몽》은 《장자전서張子全書》 권2(제1 태화太和편~제8 중정中正편)와 권3(제9 지당至當편~제17 건칭乾稱편)에 수록되어 있다. 중국 고전이 대부분 그러하듯 《정몽》 또한 존재론 (본체론·우주론·생성론), 인성론(심성론), 지식론(인식론), 윤리학 등이 뒤섞인 글이어서 이를 체계적으로 정리하고 일관성 있게 연결하여 이해하기가 매우 힘들다. 《정몽》은 모두 열일곱 편으로 이루어져 있다. 제1 〈태화〉편을 비롯한 앞 부분은 주로 기의 우주론에 대해 언급하고 있고, 제6 〈성명誠明〉편을 비롯한 중반부는 기의 인성론, 지식론 등을 언급한다. 그리고 후반부인 제15 〈악기樂器〉편, 제16 〈왕체王禘〉편에서는 예禮와 악樂에 대해 설명한다. 결론부에 해당하는 마지막 편 〈건칭〉에서는 도교, 불교의 무적無的 세계관에 대항하여 기론을 중심으로 한 유가의 유적 세계관을 제시한다. 《정몽》을 제대로 이해하기 위해서는 장재의 기본 사상에 대한 선이해가 반드시 필요하다. 따라서 《정몽》을 읽기에 앞서 해제를 먼저 읽어도 좋을 듯하다.

옮긴이는 〈장재 기 철학의 이론적 구조〉라는 논문으로 박사 학위를 취득한 뒤 작은 소망 하나를 가지게 되었다. 장재의 고향에 가서 '기론'의 사회·문화적 배경을 확인하는 것이다. 우연한 기회에 이 소망을 이루었다. 1999년 9월, 장재의 고향인 중국 섬서성 미현眉縣에서 '제1회 장재 관학과 실학 국제 학술 회의張載關學與實學國際學術研討會'가 열렸는데, 이 회의에 발표자로 초청받아 참석하게 되었던 것이다. 열한 명 정도의 외국 학자를 비롯한 126명의 관련 학자들이 참석한 대단위 학술 회의였다. 그때 옮긴이는 장재의 묘소, 강학처, 집터, 정전제 실행지 등을 답사하며 나름대로 그의 '기론'이 형성된 사회사상사적 배경을 이해하고자 애썼다. 그런데 미현

답사에서 얻은 가장 큰 수확은 바로 그곳 사람들과의 만남이었다. 장재의 28대 후손 장세민張世敏 선생 또한 그중 한 분이다. 매번 진심으로 반겨주며, 각종 편의를 제공해준 그분께 이 기회를 빌려 감사의 마음을 전하고자 한다. 장재 사상 전파를 자신의 사명으로 여기는 장세민 선생에게 이 책이 조그만 자랑거리가 되었으면 좋겠다.

옮긴이 장윤수

제1장

정몽

1. 태화太和편4

태화는 도道라고 한다. 이것은 가운데에 떴다 가라앉았다, 올라갔다 내려갔다, 움직였다 고요히 있다가 하며 서로 감응하는 성질이 있는데, 이것이 음양이 서로 화합하고 작용하여 이기고 지고, 늦추고 줄이고 하는 힘의 시초가 된다. [태화의 원리가] 처음에는 쉽고도 간단하지만, 궁극에 이르면 넓고 크고 견고하다. 쉬운 데서 알기 시작하는 것이 건乾이요, 간단한 데서 법을 본받는 것이 곤坤이다.5 흩어져 형상화할 수 있는 것이 기氣6이고, 맑게 통하여 형상화할 수 없는 것이 신神7 이다. [《장자莊子》에서 말하는] 아지랑이[野馬]의 모양이나 [《주역周易》에서 말하는] '인온絪縕'8의 상태와 같지 못하면 '태화'라고 부르기에 부족하다. 도를 말하는 자가 이러한 이치를 알아야만 도를 안다고 하며, 역易9을 배우는 자가 이러한 이치를 깨달아야만 역을 안다고 할 수 있다. 이와 같지 못하면 비록 주공周公[10]과 같이 재주가 뛰어나다 하더라도 그 지혜는 칭찬받기에 부족할 것이다.

태허太虛[11]는 형체가 없으니 기의 본래 모습이며, 기가 모이고 흩어지는 것은 변화의 일시적인 모습일 뿐이다. 지극히 고요하여 느낌이 없는 것은 성性[12]의 근원이니, 식識과 지知[13]는 사물과 만나는 일시적 느낌일 뿐이다. 일시적 느낌과 느낌 없는 상태, 일시적 모습과 모습 없는 상태는 오직 본성을 다한 자만이 한 가지로 여길 수 있다.

천지의 기는 모이고 흩어지고 배척하고 흡수하는 작용이 여러 갈래로 나타나지만, 그 이치는 순리적이고 망령되지 않다. 기는 흩어져서 형체가 없는 상태에 들어가게 되면 본래 모습을 얻게 되고, 모여서 형상을 갖게 되더라도 본성을 잃지 않는다. 태허에는 기가 없을 수 없고 기는 모여서 만물이 되지 않을 수 없으며, 만물은 흩어져 다시 태허가 되지 않을 수 없다. 이러한 과정을 따라 나가고 들어오고 하는 것은 모두 부득이한 것이다. 그러므로 성인聖人은 이러한 이치에서 도리를 다하며, 기의 형체가 있는 상태에서나 없는 상태에서나 조금도 곤란함이 없는 자이니,[14] 그 신묘함이 지극하다. 저 불교도들은 형체 없음의 세계만 강조할 뿐 형체 있음의 세계는 무시하며 '형체 있음의 세계에만 집착하는 자[道家徒]'들은 사물에 얽매여 변화하지 못한다. 이 부류는 비록 차이가 있기는 하나, 도를 잃어버리는 것으로 말하자면 마찬가지다.

모여서 만물을 이루는 것도 기이며, 흩어져서 [태허의 상
태로 돌아가는 것도] 기이니, 기가 죽어도 없어지지 않음을
아는 자라야 더불어 본성을 말할 수 있다.

허공이 곧 기인 줄 알면 있음과 없음, 은미함과 드러남, 신
과 화化,[15] 성과 명命이 하나이며 둘이 아님을 깨닫게 된다. 모
임과 흩어짐, 나감과 들어옴, 형체 있는 것과 형체 없는 것의
공통적인 근원을 추론해보면 역의 이치에 밝은 자가 된다.
만약 허虛[16]가 기를 낳을 수 있다고 한다면, 허는 무궁하고 기
는 유한하여 체體와 용用[17]으로 엄격히 구분된다. 이것은 "유
는 무에서 생겨난다[有生於無]"고 하는 노자老子의 자연 이론에
빠지는 것으로, 이른바 유有와 무無가 하나로 혼용되어 있는
이치를 알지 못하는 것이다. 만약 삼라만상을 태허에서 생
겨나는 [부수적인] 사물이라고만 여긴다면 사물과 허는 서
로 관계가 없어져서, 형체는 형체대로 본성은 본성대로 각각
떨어져 형체와 본성, 하늘과 사람이 서로 관계없이 존재하
게 된다. 이것은 산과 강과 땅을 모두 환상으로 여기는 불교
도의 교설에 빠지는 것이다. 이 도가 밝혀지지 않는 것은 바
로 무식한 자들이 허공을 체득하여 이것이 본성이라는 것만
대충 알 뿐 이것이 천도天道에 근본을 둔 용이 되는 줄은 모
르고서 도리어 사람의 눈에 보이는 작은 것을 천지의 원인으
로 삼기 때문이다. [그러므로 불교도들은] 분명하게 알지 못

하고서 곧 세계와 천지[乾坤]가 모두 다 헛된 것이라고 속인다. '드러나지 않은 것[幽]'과 '드러난 것[明]'의 요점을 터득하지 못하고 마침내 망령된 생각으로 높은 경지에만 뛰어오르려 한다. 한 번은 음이 되고 한 번은 양이 되는 이치가 하늘과 땅을 포괄하고, 낮과 밤 그리고 천天·지地·인人 삼재三才의 지극한 법도에 미친다는 것을 깨닫지 못하면, 유교, 불교, 노자, 장자莊子를 뒤섞은 길로 가고 만다. 오늘날 천도와 성명性命[18]을 말하는 자들은 불교의 황홀하고 꿈같은 소리에 속거나 아니면 "유는 무에서 생겨난다"고 하는 노자의 말을 한없이 높고 심오한 이론으로 여긴다. 그러므로 그들은 덕으로 들어가는 길에서 올바른 방법을 가려서 구할 줄 모르며, 간사한 말에 가려 옳지 못한 말에 빠지는 경우가 많다.

넓고 아득하여 끝이 없는 '태허의 기'는 오르고 내리며 날아 퍼지는 것을 잠시도 그쳐본 적이 없고, 잠시도 어느 한 단계에 머물러본 적이 없다. 이것은 이른바 《주역》에서 말하는 인온이요, 《장자》에서 말하는 '생물이 숨기운을 서로 불어대는 것', 즉 아지랑이다. 이러한 기는 텅 비어 있으면서도 꽉 차 있고 움직이면서도 고요한 것의 기틀이며, 음과 양, 굳셈과 부드러움의 시초다. 떠서 올라가는 것은 양의 맑음이요, 가라앉아 내려가는 것은 음의 흐림이다. 이것이 서로 감응하고 만나며 모여들고 흩어짐으로써 비와 바람이 되고 눈과 서리가 되며, 만물을 변화시키고 산천을 이룬다. 이러한 일들과 기타 여러 현상들은 모두 기의 구체적인 작용에서 생겨난다.

기가 모이면 우리 눈에 뚜렷이 보여 사물의 형상이 있다고 일컬어지고, 기가 흩어지면 뚜렷이 보이지 않아 형상이 없다고 일컬어진다. 그러나 기가 모였다 하더라도 그것은 일시적인 모습일 뿐이며, 기가 흩어졌다 하더라도 성급하게 무라고 말할 수는 없다. 그러므로 성인은 하늘을 우러러보고 땅을 굽어살펴서 단지 "드러남과 드러나지 않음의 까닭을 안다[知幽明之故]"[《주역》〈계사상繫辭上〉]고 말할 뿐이지, "있음과 없음의 까닭을 안다[知有無之故]"고 말하지는 않는다. 하늘과 땅 사이에 가득 차 있는 것은 형상일 뿐이며 천문·지리를 살피려면 형상이 뚜렷이 드러나야 한다. 기가 형상을 가지게 됨에 우리는 그 이전이 형체 없음의 세계였음을 알게 되고, 그 형체가 사라지게 됨에 그 이전이 형체 있음의 세계였음을 알게 된다.

기가 태허에 모이고 태허에서 흩어지는 것은 마치 얼음이 물에서 얼었다 녹았다 하는 것과 같으니, 태허가 곧 기임을 알면 무라고 하는 것이 있을 수 없음을 이해하게 된다. 그러므로 성인이 지극한 [이치를] 말하고 기가 뒤섞여 변화하는 신묘한 능력을 다하는 것은 변역變易의 이치를 다하는 것일 따름이다. 있음과 없음을 분별하는 여러 학자들은 천박하고 망령될 뿐이니, 이들의 학문은 참된 이치를 궁구하는 것이 아니다.

태허는 맑은데 맑으면 구애됨이 없고, 구애됨이 없으니 신묘하다. 맑은 것을 거스르면 탁하게 되는데, 탁하면 구애됨이 있고, 구애됨이 있으니 형상을 갖게 된다.

기가 맑으면 통하고 흐리면 막히며, 맑음이 지극하면 신묘하다. 그러므로 기가 모이되 거기에 틈이 있게 되면 바람이 불고 소리가 나게 되니 이것이 곧 맑음의 증거이다. 그런데 바람이 불지 않더라도 이르게 되는 것은 바로 통함의 극치이다.

태허로 말미암아 하늘이라는 이름이 있게 되고, 기의 변화로 말미암아 도라는 이름이 있게 된다. 허와 기가 합해져서 성이라는 이름이 있게 되고, 성과 지각知覺이 합해져서 심心이라는 이름이 있게 된다.

귀신鬼神이란 음양 두 기운이 본래 갖추고 있는 능력이다. 성聖이란 지극히 성실함으로 천도를 얻게 된 것을 말하며, 신神이란 태허가 신묘하게 응하는 것을 가리키는 말이다. 무릇 천지의 모습은 모두 신화神化[19]의 자취일 뿐이다.

천도의 변화가 무궁하나 그 실상은 추운 것과 더운 것일 따름이며, 여러 움직임의 변화가 무궁하나 그 실상은 굽히고 펴는 것에 지나지 않는다. 귀신의 실상은 이 두 가지 단서[端]를 넘어서지 못한다.

두 가지가 있지 않으면 그중 하나를 볼 수 없으며, 그 하나를 볼 수 없으면 이들 둘의 작용이 그치게 된다. 두 가지란 곧

허와 실, 움직임과 고요함, 모임과 흩어짐, 맑음과 흐림을 말하는 것이나, 궁극적으로 이들은 하나다.

감응한 이후에 통합이 있고, 두 가지가 있지 않으면 하나마저 없어지게 된다. 그러므로 성인은 굳셈과 부드러움으로써 근본을 세우며, 건이나 곤이 훼손되면 역의 이치마저 알 수 없게 된다.

떠도는 기가 어지러이 다니다가 합하여 실질을 이룬 것이 사람과 사물의 다양한 차이를 만들어내게 된다. 기의 운동에서 음양의 두 단초가 끊임없이 순환함으로써 천지의 대의大義가 세워지게 된다.

"해와 달은 서로 번갈아서 빛을 내며, 춥고 더운 것은 서로 번갈아서 한 해를 이룬다"[《주역》〈계사하繫辭下〉], "신과 역에는 정해진 형체가 없다"[《주역》〈계사상〉], "한 번은 음이 되고 한 번은 양이 된다"[《주역》〈계사상〉], "음과 양은 헤아리지 못한다"[《주역》〈계사상〉]라는 말은 모두 낮과 밤의 도와 일맥상통한다.

낮과 밤은 하늘이 한 번 숨 쉬는 것이다. 추위와 더위는 하늘의 밤낮이다. 천도에서 봄, 가을로 나뉘어 기후[氣]가 다른 것은 마치 사람이 한 번 자고 깸에 있어서 혼이 교차하는 것과 같다. 혼이 교차하여 꿈을 꾸게 되고, 온갖 느낌이 어지럽게 일어난다. 꿈을 꾸고 있는 것을 깨어 있는 상태와 비교하여 말하면, 자고 깨는 것은 한 몸의 밤과 낮이 된다. 기가 바

뛰어서 봄이 되면 만물이 뒤섞이게 되는데 봄을 가을과 비교하여 말하면, 봄과 가을은 하늘의 낮과 밤이 된다.

기의 본래 상태인 허는 맑아서 본래 형체가 없으나, 감응하여 곧 기가 모여서 형상을 갖게 된다. 형상이 있으면 곧 이 형상의 짝이 있게 되고, 짝은 반드시 그 작용에서 형상에 반대되는 것이어야 한다. 반대되는 것이 있으면 곧 적이 있게 되며, 적의 관계는 반드시 화해하여 풀리게 된다. 그러므로 사랑하고 미워하는 감정이 모두 태허에서 나와 결국에는 물욕物慾으로 돌아가게 된다. 빠르게 생겨나고 갑자기 이루어지게 되나 조그마한 틈도 허용치 않으니 참으로 신묘하구나.

조화가 만들어낸 것에는 서로 닮은 것이 하나도 없어 만물이 많기는 하지만 그 실상[太虛氣]은 한가지다.[20] 만물 중에 어느 하나라도 음과 양을 갖추지 않은 것이 없으니, 이로써 천지의 변화란 [음과 양] 두 가지에서 비롯됨을 알 수가 있다.

만물의 형태와 색깔은 신묘한 작용의 잡다한 현상일 뿐이며, 본성과 천도라고 말하는 것은 역일 따름이다. 마음이 만 가지로 갈라지는 것은 바깥 사물에 감응하는 것이 한 가지 형태가 아니기 때문이다. 하늘은 너무 커서 경계가 없으나, 그것이 감응되는 것은 음과 양 두 기운이 서로 어울리는 이치를 통해서일 뿐이다. 만물이 서로 감응함에 있어서 [음양이] 서로 드나들고 오고 가지만, 그 움직임의 추세가 드러나지 않는 것은 모두 기의 신묘한 작용이 만물을 하나로 관통하기 때문이다.

기와 '사람의 뜻[志]', 하늘과 사람에게는 서로 이기려고 하는 이치가 있다. 성인이 윗자리에 있어도 아래에 있는 백성들이 [성인과] 함께 근심하는 것은 기가 한결같이 사람의 뜻을 움직이기 때문이며, 봉황이 날아오는 것은 '사람의 뜻'이 한결같이 기를 움직이기 때문이다.

2. 삼량參兩편

[《주역》에서는] 땅을 '둘'로 여기는바, 강함과 부드러움, 남자와 여자를 나누어 그것을 본받게 되니 이것이 [만물의] 법法이다. [《주역》에서는] 하늘을 '셋'으로 여기는바, 태극과 양의兩儀[음양]를 하나로 하여 그것을 상징으로 하니 이것이 [만물의] 본성[性]이다.

하나의 사물에 두 면이 있는 것이 기다. 하나이므로 신하고[21] 둘이므로 화한다.[22] 이것이 하늘이 셋인 까닭이다.

땅은 순수한 음이 가운데에 엉기어 모인 것이요, 하늘은 떠오른 양이 바깥에서 운전하며 도는 것이니, 이것이 바로 천지의 일정한 형체이다. 항성恒星은 위치를 바꾸지 않고 하늘에 매여서, 떠오른 양기와 함께 끊임없이 운행하며 돈다. 해와 달과 오성五星은 하늘과 반대로 운행하며 땅을 감싸고 있다. 땅은 기 속에 있어서 하늘을 따라 왼쪽으로 돌지만, 땅에 매인 별들, 즉 해와 달과 오성은 땅을 따라 왼쪽으로 돈다. 그러나 약간 느리기 때문에 오히려 오른쪽으로 도는 것처럼 느껴진다. 해와 달과 오성의 속도에 느리고 빠름이 있는 것은 각기 성질이 다르기 때문이다. 달은 음의 정기로서 양의 반대가 되니 오른쪽으로 도는 것이 가장 빠르다. 해는 양의 정기이나 실질적으로는 본래 음인 까닭에 오른쪽으로 돌되 속도가 늦지만, 하늘에만 매달려 있는 항성처럼 전혀 자리를 옮기지 못하는 것은 아니다. 금성金星과 수성水星은 태양의 앞뒤로 붙어 나아가고 물러가며 운행한다. 이 이치는 정밀하고 심오한 것 이니, 바로 물체가 서로 감응하는 것에 관련된 것임을 알 수 있다. 진성鎭星[土星]은 땅의 무리이나 오행五行에 근본을 두고 있으며, 비록 운행 속도는 가장 느리지만 순전히 땅에만 매여 있지 않다. 화성火星의 실질은 음이나 양이 모여 된 것으로, 그 기가 태양에 비해 미약하므로 태양보다 매우 느리다. 목성木星은 1년에 한 번씩 성하고 쇠하므로, 한 해에 한 자리씩 옮겨간다. '자리[辰]'라고 하는 것은 해와 달이 서로 만나는 지점이니 바로 한 해를 뜻한다.

회전 운동을 하는 것은 모두 그 움직임에 있어 기틀을 갖고 있다. 기틀이라는 말 자체가 이미 그 움직임은 외부에서 가해지는 것이 아니라는 뜻을 내포하고 있다. 옛날이나 지금이나 사람들은 하늘이 왼쪽으로 돈다고 말하는데 이것은 조잡하기 짝이 없는 말로서, 해와 달이 뜨고 지는 것과 항성이 저녁과 새벽으로 운동·변화하는 것을 살피지 못한 때문이다. 내가 생각하기로는, 하늘에서 운행하는 것은 단지 해와 달과 오성 뿐이다. 항성이 낮과 밤으로 [뜨고 지고 나타나고 사라지는] 것은, 바로 땅의 기가 '기틀'에 의해 가운데에서 왼쪽으로 돌기 때문에 항성이나 은하수는 북에서 남으로 회전하고, 해와 달은 하늘을 따라 뜨고 지는 까닭이다. 태허는 형체가 없으니 곧 그것이 바깥에서 움직인다는 것을 증명할 수 없다.

하늘은 왼쪽으로 돌고, 그 가운데에 있는 것들도 [하늘을] 따라서 왼쪽으로 돌지만 약간 느리기 때문에 도리어 오른쪽으로 도는 것처럼 보인다.

땅은 사물이며 하늘은 신이다. 사물[땅]이 신[하늘]의 이치를 뛰어넘을 수는 없으니, 땅이 있으면 하늘이 있는 것이 마치 짝을 지어 있는 것과 같다.

땅에는 오르내리는 작용이 있고 해에는 길고 짧음이 있다. 땅은 기가 엉겨서 모여 흩어지지 않는 물체지만, 그럼에도 음양 두 기가 그 사이를 오르내리며 서로 따라다니는 작용을 그치지 않는다. 양이 날마다 올라가고 땅이 날마다 내려가는 것이 '텅 빈 것'이고, 양이 날마다 내려가고 땅이 날마다 올라가는 것이 '꽉 찬 것'이다. 이것이 바로 한 해 동안의 차고 더운 기후다. 하루 낮과 밤 동안 차고 비고 오르고 내리는 것은 바다의 밀물과 썰물로 시험해보면 꼭 들어맞는다. 밀물과 썰물에서 크고 작은 차이가 나는 것은 바로 초하루와 보름에 해와 달의 정기가 서로 감응하기 때문이다.

해[陽]의 실질은 음에 바탕을 두고 있으며, 달[陰]의 실질은 양에 바탕을 두고 있다. 그러므로 초하루와 보름에 정精[해]과 백魄[달]이 어긋나게 되면 광채가 없어져 일식, 월식 현상이 나타난다.

달이 이지러지기도 하고 가득 차기도 하는 이치는 이러하다. 달은 사람과 거리가 가깝고 해는 멀리 바깥에 있으므로, 달은 항상 바깥에 있는 햇빛을 받아서 [빛을 낸다]. 달은 처음과 끝에는 마치 갈고리가 굽은 것처럼 보이다가, 그것이 하늘 가운데 이르게 되면 마치 반쪽의 구슬과 같아 보이니, 이것이 곧 달이 이지러지고 차는 증거이다.

달의 자리는 양으로,[23] 햇빛은 받아들이지만 해의 정기는 받아들이지 않는다. 달이 원래 보름달인데도 반달로 보이게 되는 것은 달의 빛이 가려지기 때문으로, 이때는 [음과 양] 두 정기가 동시에 활동할 수 없다.

해와 달은 형태에 있어서는 똑같이 사물이라 할 수 있지만 그 원리에 있어서는 곧 주는 쪽과 받는 쪽, 굳건함과 유순함으로 갈라진다. 별과 달과 금성과 수성은 모두 해와 화성에서 빛을 받아들이는데, 이때 음은 받아들이는 작용을 하고 양은 베풀어주는 작용을 한다.

음과 양은 그 정기가 각각 자기 자리에 감춰지면 그 처소에서 편히 있게 된다. 그러므로 해와 달의 형체는 만고불변의 것이다. 음양의 기운은 순환하면서 교대로 오며, 모이고 흩어지면서 서로 뒤끓고, 오르고 내리면서 서로를 필요로 하며, 화합하면서 서로 뒤섞인다. 또 음양의 기운은 서로 아우르고 [또한] 서로 억제하여 결코 한 덩어리로 만들어지지 않는다. 이처럼 음과 양이 굽히고 펴는 작용에 장소가 [따로] 있는 것이 아니며, 음과 양의 쉼 없는 운행이 어느 누가 시켜서 되는 것이 아니니, 이것을 성명의 이치라 하지 않으면 과연 무엇이라고 하겠는가?

"해와 달이 하늘을 얻었다"[《주역》〈항괘단전恒卦彖傳〉]는 말은 자연의 이치를 얻었다는 것이지, 푸르디푸른 형체를 얻었다는 말이 아니다.

윤달이 초하루에 들면 하늘은 한 차례 운행하는 기를 다하지 못한다.[24] 세상에 전해오는 일식, 월식의 법도는 윤달과 다른 방법으로 셈하는 것인데 이는 아무것도 모르고 만들었을 따름이다.

양의 덕은 사물을 이루는 것을 주된 것으로 삼고, 음의 덕은 간직하는 것을 주된 것으로 삼는다.

음의 성질은 엉기어 모이는 것이고 양의 성질은 흩어지는 것이다. 음이 모이면 양은 반드시 흩어지는데, 고른 세력으로 흩어진다. 양에 음이 겹쳐지면 서로 대항하면서 비가 되어 내린다. 양이 음을 얻으면 날아서 구름이 되어 올라간다. 그러므로 구름과 같은 것들이 태허에 널리 퍼져 있는 것은 음이 바람에 휩쓸려 [한 곳으로] 모여들었다가 [다시] 흩어지지 않은 결과이다. 음의 기가 모여서 안에 있는 양기가 나오지 못하게 되면 양기는 곧 분격奮擊하여 뇌성벽력이 되며, 바깥에 있는 양기가 들어가지 못하게 되면 양기는 곧 빙빙 돌다가 그치지 못하고 바람이 된다. 그 모이는 양상에는 멀거나 가깝거나 비어 있거나 꽉 차 있거나 하는 차이가 있는데, 이 때문에 뇌성과 바람에 작고 크고 맹렬하고 완만한 차이가 있게 된다. 서로 조화를 이루어서 흩어지면 곧 서리, 눈, 비, 이슬이 되고, 조화를 이루지 못하고 흩어지면 사나운 기가 되거나 흙비로 인해 하늘이 흐려지게 된다. 음이 한결같이 천천히 흩어지면서 양과 교합하면 바람과 비가 고르게 되고, 추위와 더위가 바르게 된다.

하늘의 형상은 양 가운데 음이요, 바람과 천둥은 음 가운데 양이다.

천둥이 감응하여 움직이는 현상은 빠르지만 그러나 그렇게 되기까지의 과정은 점진적이다. 신과 화가 유래하는 바를 궁구窮究할 수 있으면 이는 덕이 풍성한 사람이다.

해와 화성은 빛을 바깥으로 직접 발하며, 금성과 수성은 빛을 안으로 받아들인다. 받아들이는 것은 그 재질에 따라 각기 [다른 것을] 얻으며, 발하는 것은 응하는 바가 무궁하니, 이 것이 바로 신과 형形,[25] 하늘과 땅의 도리다.

"나무는 굽었으면서도 곧은 것이다"[《서경書經》〈홍범洪範〉]
라고 하니, 구부러졌다가 다시 펴지기 때문이다. "쇠는 순응
하고 바뀌는 것이다"[《서경》〈홍범〉]라고 말하는 것은 [사람의
뜻에] 순응하여 모습이 바뀌게 되면 다시는 본래의 모습으
로 돌아가지 못하기 때문이다. 물과 불은 모두 기이므로, 위
로 타오르고 아래로 만물을 적시며 흘러내려 음양과 함께 오
르내리니 흙이 이것들을 제압하지 못한다. 나무와 쇠는 흙의
꽃과 열매이니, 그것들의 본성에는 물과 불의 기가 섞여 있
다. 나무라는 것은 물을 적셔주면 살아나고 불이 붙으면 꺼
지지 않으니, 흙의 외양적 화려함은 대체로 물과 불의 교합
에서 얻어진다. 쇠는 흙이 말랐을 때는 불의 정기를 얻으며
흙이 젖었을 때는 물의 정기를 얻으므로 물과 불이 서로 의
존해 쇠를 해치는 법이 없고, 또한 쇠는 녹이더라도 비록 액
체가 되어 흘러내릴지언정 줄어들지 않는다. 흙의 정기와 열
매는 대체로 물과 불의 교제에서 얻어진다. 흙에서 만물이
처음 이루어지며, 또한 흙에서 만물이 끝을 맺게 된다. 이것
이 바로 땅의 바탕이고 조화의 끝이며, 물과 불이 오르고 내
리는 과정에서 사물이 그것을 두루 체득하여 빠뜨림이 없는
것이다.

얼음은 음이 엉기어 양이 이기지 못하는 상태다. 불은 양
이 붙어서 음이 정기를 다하지 못하는 상태다. 불꽃과 사람

의 열기가 그림자는 있어도 형체가 없으며 흩어지기만 하고 빛을 받아들이지 못하는 것은 그 기가 양이기 때문이다.

양이 음에 빠지면 물이 되고, 바깥에서 음에 붙으면 불이 된다.[26]

3. 천도天道편

천도는 사계절이 운행되고 만물이 생겨나는 것으로서 지극한 가르침이 아닌 것이 없다. 성인의 행동은 지극한 덕이 아닌 것이 없으니, 어찌 말이 필요하겠는가?

하늘은 만물의 근간으로서 만물 중 무엇 하나에도 관여하지 않는 경우가 없으니, 이것은 마치 인仁이 만사의 근간으로서 어떤 일에나 관여하는 것과 같다. 예의禮儀 3백 가지와 위의威儀 3천 가지 가운데 그 어느 하나라도 인을 근간으로 하지 않은 것이 없다. "넓은 하늘 밝으시어 그대와 함께 나다니고, 넓은 하늘 흰하시어 그대와 함께 놀고 즐기네"[《시경詩經》〈대아大雅〉]라는 말이 있으니, 어느 한 가지라도 천도를 근간으로 하지 않은 것이 없다는 뜻이다.

하늘의 일은 감응함이 있으면 반드시 통하고, 성인은 할 일을 얻고 나서야 행해진다.

하늘이 말하지 않아도 사시가 운행되고, 성인이 신도神道로써 가르침을 펼치니 천하가 이에 복종한다. 이곳에 정성스러움이 있으면 저곳에 감응함이 있게 되는 것이 신묘한 도이다.

하늘은 말을 하지 않아도 믿음을 주고, 신은 화를 내지 않아도 위엄이 있다. 정성스러우므로 믿을 수 있고 사사로움이 없으므로 위엄이 있다.

하늘의 헤아릴 수 없음을 일러 신묘하다고 하고, 신묘하면서도 일정한 법칙이 있는 것을 일러 하늘이라고 한다.

형체가 없는 상태에서 움직이는 것을 일러 도라고 하는데, 형체를 갖춘 뒤에는 도라고 말하기에 부족하다.

만물을 키우면서도 성인처럼 인위적인 작용을 하지 않는 것이 천도다. 성인은 천도에 대해 잘 알지 못하니, 왜냐하면 천도의 무심無心한 신묘함은 유심有心한 인간이 미칠 수 없기 때문이다.

"드러내 보이지 않아도 밝다"[《중용中庸》]고 하는 것은 이미 정성스러움이 지극하여 저절로 바깥으로 드러나 밝기 때문이다. "움직이지 않아도 변화한다"[《중용》]고 하는 것은 변화가 신묘하기 때문이다. "행하지 않아도 이루어진다"[《중용》]고 하는 것은 천하 사물의 이치가 정성스러움 이외에 다른 것이 아니기 때문이다.

천도의 정성스러움이 지극하여 저절로 바깥으로 드러나 밝으니, 천도는 드러내 보이지 않고도 밝고, 움직이지 않고도 변하며, 행하지 않고도 이루게 된다.

'부유富有'함이란 광대하여 막을 수 없을 정도의 성한 덕을 말하며, '일신日新'이란 유구하여 끝이 없는 도를 말한다.

하늘이 사물을 아는 것은 귀, 눈, 마음, 생각으로 아는 것이 아니다. 하늘이 사물을 아는 것은 귀, 눈, 마음, 생각으로 아는 것을 능가한다. 하늘이 보고 듣는 것은 바로 백성에게서 나오며, 하늘의 밝음과 위엄도 백성에게서 나온다. 그러므로 《시경》과 《서경》에서 말하는 '제천帝天의 명령'이란 민심을 위주로 한 것일 따름이다.

"조화를 재단하는 것은 변화에 달려 있다"[《주역》〈계사상〉]고 했으니, 사시의 변화를 알면 한 해의 조화를 재량할 수 있고, 낮과 밤의 변화를 알면 온갖 시간의 조화를 재량할 수 있다. "미루어 행한다는 것은 통함에 있다"[《주역》〈계사 상〉]고 했으니, 사시를 미루어 가면 그것이 한 해와 통하는 것을 알 수 있고, 낮과 밤을 미루어 보면 그것들이 온갖 시간과 통하는 것을 알 수 있다.

"신묘하면서 밝음은 그 사람에게 있다"[《주역》〈계사상〉]고 했으니, 하늘의 일을 잘 알지 못하면 문왕文王을 마음에 두어야 한다. "묵묵히 있어도 이루게 됨은 덕행에 있다"[《주역》〈계사상〉]고 했으니, 배우는 이가 항상 덕성을 마음에 간직하면 묵묵히 있어도 저절로 이루게 되니 믿을 만하다. 마음을 문왕에게 두면 하늘 일의 신묘함을 알게 될 것이며, 마음을 뭇 사람들에게 두면 사물의 본성의 신묘함을 알게 될 것이다.

'곡의 신[谷神]'[27]은 유한하기 때문에 천하의 소리에 통하지 못한다. 성인의 신은 오로지 하늘일 뿐이니 만물을 두루 알 수 있다.

성인에게 감응함이 있고 숨기는 것이 없음은 마치 천도의 신과 같다.

형상을 얻기 이전의 것은 뜻을 얻으면 이름을 얻고, 이름을 얻으면 형상을 얻게 된다. 이름을 얻지 못하면 형상을 얻은 것이 아니다. 그러므로 도를 말하면서도 형상으로 표현할 수 없으면 이름도 말도 모두 사라지는 것이다.

세상 사람들은 도가 자연인 줄은 알지만, 자연이 체體가 되는 줄은 미처 알지 못한다.

하늘의 덕이 있은 뒤에야 천지의 도를 한마디 말로 다 [표현]할 수 있다.

바른 밝음은 해와 달에 의해서도 현혹되지 않고, 바른 관찰은 하늘과 땅에 의해서도 왜곡되지 않는다.

4. 신화神化편

신은 하늘의 덕이요, 화는 하늘의 도이다. 덕은 그 본체[體]이고, 도는 그 작용[用]이다. 그렇지만 기의 입장에서 보면 하나일 뿐이다.

"신에는 방위가 없고 역에는 일정한 형체가 없다"[《주역》〈계사상〉]는 것은 [천하가] 크고 또한 하나라는 뜻이다.

비어 있으면서 밝게 비추는 것이 신의 밝음이다. 먼 곳, 가까운 곳, 그윽한 곳, 깊은 곳 할 것 없이 쓰임에 이롭게 들고 나고 하는 것은 신이 꽉 차서 틈이 없는 것이다.

천하의 움직임은 신이 고무하는 것이다. 말[辭]로 고무하지 않으면 신을 다 표현하지 못한다.

귀신이란 가고 오고 굽히고 편다는 의미다. 그러므로 하늘의 경우 신이라 하고, 땅의 경우 기祇[示]라 하고, 사람의 경우 귀鬼라고 한다.[28]

형상을 얻기 이전의 것이 말을 얻으면 곧 상象을 얻게 된다. 신은 헤아릴 수 없는 것이기 때문에 느슨한 말로는 다 형용할 수 없고, 화는 알기 어려운 까닭에 성급한 말로는 다 형용할 수 없다.

기에는 음양이 있는데, 음양의 운동에 있어서 나타나는 점진적인 과정이 화化이다. 그리고 음양의 기를 하나로 합한 상태로서 헤아릴 수 없는 것이 신이다. 사람이 의義를 알고 그 이로운 바를 쓰면 신과 화의 일이 갖추어진다. 훌륭한 덕을 갖춘 사람이 '신'을 다하면 지혜가 끝이 없을 것이며, '화'를 알면 의가 끝이 없을 것이다. '하늘의 화'는 기에서 운행되고 '사람의 화'는 때[時]를 따른다. 기도 아니고 때도 아니면 '화'

란 이름이 어디에 있으며, '화'의 실상이 어디에 베풀어지겠는가?《중용》에서는 "지극한 정성이라야 화할 수 있다"고 했으며,《맹자》에서는 "크게 화한다"고 말했다. 이것은 모두 그 덕이 음양과 부합되고 천지와 함께 흘러 통하지 못하는 것이 없는 상태를 말한다. 이른바 기라는 것은 빽빽하게 들어차고 엉기고 모인 것을 눈으로 본 뒤에야 알게 되는 것이 아니다. 강건함과 유순함, 움직임과 그침, 넓음과 깊음 등이 말로 표현될 수 있는 상태는 모두 이름을 붙일 만한 상이다. 그런데 '상'이 기가 아니라면 무엇을 가리켜 '상'이라 하며, 때가 '상'이 아니라면 무엇을 가리켜 때라고 하겠는가? 보통 사람들은 장애물을 없애고 공空의 경지에 들어간다는 석가모니의 말을 따르는 것이 화라고 생각하고 학자들은 단순히 악을 버리고 선을 따르는 것이 화라고 생각하는데, 이것은 단지 처음 배우는 사람들이 누累를 입지 않기 위해 하는 말일 뿐이니 어찌 천도인 신화와 더불어 말할 수 있겠는가?

"변하면 화한다"[《중용》]는 말은 거친 것에서 정밀한 것으로 들어간다는 뜻이다. "조화를 재단하는 것은 변화에 달려 있다"[《주역》〈계사상〉]는 말은 뚜렷한 것으로 미세한 것을 드러낸다는 뜻이다. 곡신谷神은 죽지 않으므로 미세한 것을 숨기지 않고 드러낼 수 있다.

귀신은 언제나 죽지 않으므로 성실함[진실함]을 숨길 수가 없다. 사람이 은미한 곳에 이러한 마음을 품고 있어도 사악한 마음이 틈을 타고 나타나게 마련이다. 그러므로 군자는 비록 으슥한 곳에 홀로 있더라도 사악한 마음을 막는 데 게 을리하지 않는다.

신과 화는 하늘의 훌륭한 능력이지 사람의 능력이 아니다. 그러므로 사람은 [자신의 덕을] 크게 하고 하늘의 덕을 갖춘 뒤에야 신을 궁구하고 화를 알 수 있다.

[덕을] 크게 하는 것은 할 수 있으나 [덕을] 크게 화하는 것은 할 수 없는데, 이것은 성숙함[熟]에 달려 있다. 《주역》에서 말하는 "신을 궁구하고 화를 안다"는 것은 곧 덕이 성하고 인이 성숙될 때 이루어지는 것으로, 지혜와 힘에 의해 억지로 되는 것이 아니다.

'[덕을] 크게 하여 화하는 것'은 힘을 쓰지 않아도 커지는 것이다. 하늘 같은 순수한 경지에 계속 도달하다 보면 헤아릴 수 없는 신의 상태에 이른다.

하늘보다 앞서거나 뒤서거나 하면서도 어긋남이 없이 지극한 이치에 순응하여 나가면 앎에서 합치되지 않음이 없다. 성인의 임무를 얻은 자가 모두 힘써서 [진실한 경지에] 이르게 되면, 비록 화의 경지에 미치지 못해도 해로움이 없다. '[덕을] 크게 한다'는 것은 거의 성인에 가까운 것이고 '화'란 하늘의 덕을 갖춘 것을 말한다.

'큰 것'은 교만하지 않고, '조화로운 것[化]'은 인색[吝]하지 않다.

나를 없앤 뒤에야 크게 되고, 본성을 크게 이룬 뒤에야 성스러워질 수 있다. 성스러운 하늘의 덕을 갖추어서 사람들이 알 수 없는 경지에 이른 상태를 신이라고 한다. 그러므로 신이란 성스러워 알 수 없는 것이다.

[사물의 미세한] 기미를 알아차리면 의가 밝아지고, 움직여도 묶지 않으면 쓰임[用]이 이롭게 된다. 굽히고 펴는 것을 이치에 따라 하면 몸이 편해지고 덕이 불어난다. 신을 궁구하고 화를 알아 하늘과 하나가 되는 것이 내가 힘쓴다고 될 수 있는 일이겠는가? 덕이 많아져서 저절로 이루어질 따름이다.

"의를 빈틈없이 하여 신에 들어간다"[《주역》〈계사하〉]고 하는 것은 내 마음속에서 일을 예비하여 내 몸 밖에서 이로움을 구한다는 것이다. "쓰임을 이롭게 하여 몸을 편안하게 한다"[《주역》〈계사하〉]는 것은 본래 내 몸 밖을 이롭게 하여 내 마음속을 수양한다는 것이다. '신을 궁구하고 화를 아는 것'은 수양이 깊어지면 저절로 되는 것이지, 생각하고 힘쓴다고 해서 억지로 되는 것이 아니다. 그러므로 군자는 덕을 높이는 일밖에 모른다.

신은 생각으로 이룰 수 있는 것이 아니니 그대로 두는 것이 옳고, 화는 조장할 수 없는 것이니 순리대로 따르는 것이 옳다. 허명虛明한 것을 보존하고 지극한 덕을 오래 유지하며, 변화에 순응하고 시중의 도에 통달하면 인이 지극해지고 의에 극진해진다. 은미한 것도 알고 드러난 것도 알아서 쉬지 않고 계속 그 선함을 이어나간 뒤에야 인간의 본성을 성취할 수 있다.

성스러워 알 수 없는 것이 하늘의 덕이 지닌 뛰어난 능력이니, 우리가 억지로 마음을 써서 구해도 하늘의 덕을 알아낼 수가 없다.

성스러워 알 수 없는 것을 신이라 하는데, 장자는 망령되게 성인 외에 또 신인神人이 있다고 했다.

오직 신만이 능히 변화할 수 있으니, 신이 천하의 움직임을 하나로 하기 때문이다. 변화의 도를 아는 사람은 반드시 신이 하는 것을 알게 된다.

역을 알면 그 [변화 작용의] 기미를 신묘하게 알 수 있을 것이다.

"기미[幾]를 아는 것이 신이다"[《주역》〈계사하〉]라는 것은, 마땅한 도리로써 일체를 관통하면 온종일을 허비하지 않아도 모두 알 수 있다는 말이다. 기미라는 상은 나타났으나 아직 형체를 갖추지 않은 것이다. 형체를 갖추면 밝아질 것이니, 신이 아니라도 알 수 있게 된다. "길한 것이 먼저 보인다"[《주역》〈계사하〉]는 말은 성명의 이치에 순응하면 먼저 보이는 것이 모두 길하다는 뜻이다.

신을 안 뒤에야 상제上帝와 부모에게 제사 지낼 수 있으며, 역을 안 뒤에야 신을 알 수 있다. 그러므로 성과 천도를 듣지 못하고서 예禮와 악樂을 지을 수 있는 자는 없다.

'의를 정밀하게 하여 신으로 들어가는 것'이 준비함[豫]의 지극함이다.

사물을 따라가다 [자신의] 마음을 잃어버리면, 사람이 사물이 되어 천리天理를 멸하게 될 것이다. "마음속에는 신을 보존하고 지나가는 곳마다 화한다"[《맹자》〈진심하盡心下〉]는 것은 사물의 누됨을 잊고 성명의 이치에 순응하는 것이다.

후덕하기만 하고 조화를 이루지 못하면 체만 있고 용은 없게 되며, 화하면서도 스스로를 잃어버리면 사물을 따라가 자기를 잃어버리게 된다. 큰 덕으로 후덕하게 하고 조화롭게 한 뒤에야 인과 지가 하나가 되어 성인의 일이 모두 갖추어지게 된다. 본성을 온전히 보존해야만 신을 보존할 수 있고, 사물의 이치에 잘 응해야만 만나는 것마다 거기에 조화를 이룰 수 있다.

'나'를 없앤 뒤에야 몸을 바르게 하는 데 극진할 수 있고, 신을 보존한 뒤에야 사물에 응하는 느낌을 신묘하게 조화시킬 수 있다. "하늘과 땅의 화를 두루 포함하면서도 지나치지 않는다"[《주역》〈계사상〉]고 하는데, 지나치면 공에 빠지고 정靜에 빠지게 되어, 신을 보존할 수도 없고 화를 알 수도 없다.

"두루 운행하여 흐르지 않는다"[《주역》〈계사상〉]는 말은 신이 원만하여 치우치지 않는다는 뜻이요, "백성들은 날마다 사용하면서도 알지 못한다"[《주역》〈계사상〉]는 말은 [일상생활에서 생기는] 물욕에 빠진 것을 뜻한다.

의는 올바른 도리로 되돌아가는 것을 근본으로 삼으니 도리가 바르면 의가 빈틈이 없어진다. 인은 화를 강화하는 것을 깊은 이치로 삼으니 화가 행해지면 드러나게 된다. 의가 신에 들어가는 것은 움직이는 것이 한 번 고요해지는 것이요, 인이 화를 강화하는 것은 고요한 것이 한 번 움직이는 것이다. 인이 화를 강화하는 데는 고정된 형체가 없으며, 의가 신에 들어가는 데는 정해진 방위가 없다.

5. 동물動物편

동물은 하늘을 근본으로 하여 호흡이 점차 모였다 흩어졌다 한다. 식물은 땅을 근본으로 하여 음양의 오르고 내림이 점차 모이고 흩어진다. 만물이 처음 생겨날 때는 기가 날로 불어나서 자란다. 만물이 자라서 이미 성하게 되면 기는 날마다 근원으로 되돌아가 흩어진다. 다가오는[至] 것을 신이라 함은 그것이 펴지기[伸] 때문이며, 되돌아가는[反] 것을 귀鬼라 함은 그것이 돌아가기[歸] 때문이다.

사람에게 있어서 살아 있을 때는 떠나지 않고 죽으면 흩어지는 기를 혼魂이라 하고, 모여서 형체를 이루다가 비록 죽더라도 흩어지지 않는 기를 백魄이라 한다.

바닷물이 얼면 얼음이 되고 떠오르면 거품이 된다. 그러나 얼음의 재질과 거품의 성질이 있고 없는 데는 바다가 관여하지 못한다. 이것으로 미루어보아 죽고 사는 것도 설명할 수 있다.

숨을 쉬는 것은 하늘을 근본으로 하고, 숨을 쉬지 않는 것은 땅을 근본으로 한다. 하늘을 근본으로 할 때는 작용에 구애받지 않으나, 땅을 근본으로 할 때는 방위에 구애받는다. 이것이 바로 동물과 식물의 차이다.

생겨나는 것에도 선후가 있으니 이것을 '하늘의 순서[天序]'라고 하며, 크고 작고 높고 낮은 것이 서로 어울리고 나란히 형체를 드러내는데 이것을 '하늘의 차[天秩]'라고 한다. 하늘이 만물을 낳으니 순서가 있게 되고, 만물이 형체를 이루니 차례가 있게 된다. 순서를 알아야 도리가 바르게 되고 차례를 알아야 예가 행해진다.

사물이 서로 감응하는 것은 귀신이 주고받는 성이요, 감응하지 못하는 것은 귀신이 포용해 변화시킨다.

사물에 고립된 이치란 없으니, 같고 다르고 굽히고 펴고 시작하고 끝나는 것으로 그것을 밝혀내지 못하면 비록 사물이라 해도 참된 사물이 아니다. 일은 처음과 끝이 있어야 이루어지니, 같고 다르고 있고 없는 것이 서로 감응하지 않으면 그 이룸을 얻을 수 없다. 이룸을 얻을 수 없으면 비록 사물이라 해도 참된 사물이 아니다. 그러므로 하나같이 굽히고 펴고 서로 감응하여 이로움이 생겨난다.

홀로 보고 홀로 듣는 것은 조금만 달라도 괴이하니, 갑작스럽고 망령스러운 데서 생겨난 것이기 때문이다. 여러 사람이 함께 보고 들으면 크게 다른 것이라 해도 진실하다고 할 것이니, 음양의 바름에서 생겨난 것이기 때문이다.

어진 사람과 재주 있는 사람이 나타나면 그 나라가 장차 성할 것이요, 자손이 재주가 있으면 그 일족이 장차 커질 것이다.

사람이 숨을 쉬는 것은 굳셈과 부드러움의 마찰이며, 건과 곤이 열고 닫는 작용이다.

깨어 있는 상태는 형체가 열려 뜻이 바깥 세계와 접촉하는 것이요, 꿈이란 형체가 닫혀 기가 오로지 안으로만 들어가는 것이다. 깨어 있으면 귀와 눈에 새로운 것을 알게 되며, 꿈은 옛일이 마음속에 쌓여 있는 것에서 연유한다. 의서醫書에 이르기를 "배가 고프면 꿈에 남의 물건을 훔치고 배가 부르면 꿈에 나의 것을 남에게 준다"[29]고 하여, 깨어 있는 상태와 꿈을 꾸는 것의 감응을 오직 오장五藏[30]에서 일어나는 기의 변화로만 말하고 있으니, 그 말에는 받아들여 취할 만한 것이 있다.

소리라는 것은 형체와 기 사이에 알력이 생겨 나오는 것이다. 두 가지 기란 골짜기의 울림이나 천둥소리 같은 것이고, 두 가지 형체란 북채를 잡고 북을 두드리는 것과 같다. 형체

가 기를 마찰한다는 것은 새 깃이나 부채, 회초리나 화살 같
은 것의 작용을 말하고, 기가 형체를 마찰한다는 것은 사람
의 소리나 피리 같은 것의 작용을 말한다.[31] 이것은 모두 사
물이 본래 갖고 있는 감응하는 능력이지만, 사람들이 모두
이를 행하면서도 자세히 살펴보지 않을 따름이다.

형체, 소리, 냄새, 맛, 따뜻함과 서늘함, 움직임과 고요함,
이 여섯 가지에는 오행의 구별과 같고 다름의 변화가 없을
수 없다. 이것은 모두 상제上帝의 법칙이어서 반드시 살펴보
아야 한다.

6. 성명誠明편

성誠과 명明으로 아는 바는 곧 하늘의 덕을 통해 본래부터
아는 것이지, 듣고 보는 것을 통해 조금 아는 따위가 아니다.

하늘과 사람이 용을 달리하면 성을 말하기에 부족하고, 하
늘과 사람이 앎을 달리하면 명을 다하기에 부족하다. 성과 명
에서는 인성과 천도가 크게든 작게든 전혀 구별되지 않는다.

의와 명命이 하나로 합하는 것은 이에 있으며, 인과 지가
하나로 합하는 것은 성聖에 있고, 동動과 정靜이 하나로 합하
는 것은 신에 있다. 음과 양이 하나로 합하는 것은 도에 있으
며, 인성과 천도가 하나로 합하는 것은 성誠에 있다.

하늘이 장구하여 그치지 않는 도가 곧 성이다. 어진 사람과 효자가 하늘을 섬기고 자신의 몸을 성실하게 하는 것은 인과 효 그 이상도 이하도 아니다. 그리하여 군자는 성을 귀중하게 여긴다.

성실하면 사물에 처음과 끝이 있지만, 거짓되면 사물이 실제로 있는 것이 아니니 처음과 끝 또한 어찌 있으리오? 그래서 "성실하지 못하면 사물 또한 없다"[《중용》]고 하는 것이다.

"밝으면 성실해진다"[《중용》]는 것은 이치를 궁구함으로써 본성을 극진히 하는 것이요, "성실하면 밝아진다"[《중용》]는 것은 본성을 다함으로써 이치를 궁구한다는 것이다.

성性은 만물의 한 가지 근원으로, 나만 사사로이 얻어 지니고 있는 것이 아니다. 오직 '덕 있는 사람[大人]'만이 그러한 도리를 끝까지 터득하여 지킬 수 있다. 그러므로 [덕 있는 사람은 자기가] 서면 남도 같이 서게 해주고, 알면 반드시 두루 알며, 사랑하면 고루 다 같이 사랑하고, 홀로 이루지 않는다. 스스로 가리고 막아서 자신의 근본 이치를 따를 줄 모르는 저 사람들은 어쩔 도리가 없다.

하늘의 능력은 본성[性]이 되고, 사람의 꾀는 능력[能]이 된다. 그러므로 덕 있는 사람은 하늘의 능력을 본성으로 삼고, 사람의 꾀를 능력으로 삼는다. 그러므로 "하늘과 땅은 자리를 만들고, 성인은 능력을 이룬다"고 했다.

본성을 극진히 다한 뒤에야, 살아서 얻는 것이 없다면 죽어서도 잃을 것이 없음을 알게 될 것이다.

없어지지 않는 것을 체라 하고, 체를 일러 성性이라 한다.

하늘이 본성으로 부여한 것은 도와 온전히 통하니, 기의 어둡고 밝음이 이것을 가리지 못한다. 하늘이 명으로 부여한 것은 온전히 본성과 통하니, 우연히 생기는 길하고 흉함이 이것을 해치지 못한다. 어두움과 밝음, 길함과 흉함에 가려지고 영향을 받는 자들은 제대로 배우지 못한 것이다. 본성은 기의 바깥에서 통하고 명은 기 안에서 운행하지만, 기에는 안과 밖이 없으니 다만 형체를 빌려 말할 따름이다. 그러므로 사람을 알려고 한다면 먼저 하늘을 알지 않을 수 없으니, 그 본성을 극진히 한 뒤에야 능히 명에 이를 수 있다.

본성을 알고 하늘을 알면 음양과 귀신이 모두 내 분수 안에 있을 따름이다.

'하늘의 성[天性]'이 사람에게 있음은 바로 물의 본성이 얼음에 있는 것과 같다. 얼고 녹는 것은 다르지만 [물과 얼음이] 한 가지 사물일 따름이듯이, 빛을 받아들이는 데는 작고 크고 어둡고 밝은 정도의 차이가 있지만, 그 비치는 빛 자체가 둘인 것은 아니다.

하늘이 본래 지니고 있는 능력은 내가 본래 지니고 있던 능력이기도 한데, 돌이켜보면 나의 아집 때문에 이것을 잃어버렸을 따름이다.

위에 이르는 것은 천리天理로 돌아감이며, 아래에 이르는 것은 사람의 욕심을 따르는 것이다.

성은 총괄하는 것으로서 천지지성天地之性[32]의 성과 기질지성氣質之性[33]의 성을 합한 것이며, 명은 받아들이는 것으로서 법칙을 갖추고 있다. 총괄하는 요점을 극진히 하지 못하면 받아들이는 것을 구분하는 데도 이르지 못한다. 본성을 다하고 이치를 궁구해도 변하지 않는 것이 곧 나의 법칙이다. 하늘조차 그만두게 할 수 없는 것을 명이라 하고, 반드시 감응하게 되는 것을 성이라 한다. 성인은 염려할 만한 일과 [천지의] 염려할 필요가 없는 일을 함께 취급하지 않는 자이니, 왜냐하면 [만물을] 도와주는 도리가 자신에게 있음을 알기 때문이다.

깊고 한결같음은 기의 근본이요, 치고[攻] 빼앗는[取] 것은 기의 욕심이다. 입과 배가 먹고 마시는 것, 코와 혀가 냄새를 맡고 맛을 보는 것이 치고 빼앗는 성질을 지닌 것이다. 그러므로 덕을 아는 자는 이러한 것들을 싫어할 따름이며, 좋아하는 것과 하고 싶은 것 때문에 그 마음에 누가 되게 하는 일이 없고, 작은 것으로 큰 것을 해치거나 지엽적인 것 때문에 근본을 잃는 일이 없다.

마음이 본성의 극치에 이를 수 있는 것은 사람이 도를 넓힐 수 있기 때문이고, 본성이 마음을 단속할 수 없는 것은 도가 사람을 넓히는 것이 아니기 때문이다.

자신의 본성에 극진하면 사람과 사물의 본성에도 극진할

수 있으며, [자신의] 명에 지극하면 다른 사람과 사물의 명에도 지극할 수 있다. 본성은 반드시 도에 근본을 두지 않는 법이 없으며, 명은 반드시 하늘에 근본을 둔다. 내가 사물을 하나도 빼놓지 않고 두루 포함하면 사물 또한 나를 빼놓지 않고 반드시 포함함을 알 수 있다. 명에 지극해야만 자신도 이루고 사물도 이루어 도를 잃어버리지 않을 수 있다.

삶을 본성으로 생각하는 것은 '낮과 밤의 도리'[34]에 어긋나는 것이며, 사람과 사물을 같은 존재로 여기는 것이다. 그러므로 [사람과 동물의 본성이 같다고 주장한] 고자告子[35]의 망령됨을 꾸짖지 않을 수 없다.

본성은 사람에게 선하지 않음이 없고 다만 그 본성을 [원래 모습대로] 잘 되돌리고[反] 잘못 되돌리는 데 문제가 있을 뿐이니, 천지의 조화를 지나치게 되면 잘못 되돌리게 되는 것이다. 명은 사람에게 바르지 않음이 없고 다만 그 명에 순응하고 순응하지 않는 데 문제가 있을 뿐이니, 위험한 일을 하면서 요행을 바람은 명에 순응하지 않는 것이다.

형체가 생긴 뒤에야 '기질의 성'이 있으니 잘 돌이키면 '천지의 성'이 그대로 보존된다. 그러므로 군자는 기질의 성을 성으로 여기지 않는다.

사람의 강함과 유함, 느림과 급함, 재주 있음과 재주 없음은 모두 기의 치우침 때문에 일어난 현상이다. 하늘의 근본은 조화를 이루어 치우치지 않는 것이다. 그 기를 수양하여 근본으로 되돌리고 치우침이 없으면 본성에 극진하여 하늘과 같이 된다. 본성을 이루지 못하면 선과 악이 뒤섞이는데, 힘써서 선을 이어나가면 선하게 된다. 이렇게 하여 악이 다 제거되면 선이라는 명칭도 따라서 없어지게 된다. 그런 까닭에 '선'이라 말하지 않고, "그것을 이루는 것을 본성[性]이라 한다"《주역》〈계사상〉]고 말했다.

덕이 기를 이기지 못하면 성과 명이 기를 따라가고, 덕이 기를 이기면 성과 명이 덕을 따라간다. 이치를 궁구하고 본성을 다하면 곧 하늘의 덕을 본성으로 삼고 하늘의 이치를 명으로 삼게 된다. [인간이 선천적으로 타고난] 기 중에서 바뀌지 않는 것은 오직 삶과 죽음, 오래 사는 것과 일찍 죽는 것뿐이다. 그러므로 삶과 죽음을 말할 때는 "명이 정해져 있다"[《논어論語》〈안연顔淵〉]고 함으로써 그 기를 언급했으며, 부富와 귀貴 를 말할 때는 곧 하늘의 뜻에 달려 있다고 함으로써 그 이치를 언급했다. 이러한 사실에서, 큰 덕을 지닌 사람은 반드시 천명을 받아 쉬움과 간단함의 이치를 얻어서 천지 한가운데 자리를 차지하게 됨을 알 수 있다. 이른바 하늘의 이치란 마음을 기쁘게 하고 천하의 뜻에 모든 것을 관통시키는 것이니, 마음을 기쁘게 하고 천하의 뜻을 관통시킨다면 천하가 모두 그에게 돌아올 것이다. 천하가 그에게 돌아오지 않는 것은 타는[乘] 기회와 만나는 기회가 같지 않기 때문이니, 이것은 공자와 대를 이어가며 왕 노릇 하는 자들이 서로 다른 것과 같다. "순舜임금과 우禹임금은 천하를 차지하고도 자신들은 관여하지 않았다"[《논어》〈태백泰伯〉]고 하는 말은 바로 하늘의 이치는 저절로 구현되는 것이지, 기품이나 의지로 관여하는 것이 아님을 의미한다. 순임금과 우임금만을 거론하는 것은 나머지는 모두가 [자연스러운] 형세를 따르지 않고 다만 [천하를] 탐내는 자들이기 때문이다.

순리를 따라서 막힘 없이 통하는 것은 신이 되고 막히는 것은 사물이 된다. 그러므로 바람과 우레는 상에 막혀서 마음보다 빠르지 못하고, 마음은 보고 듣는 데 가려져서 성性보다 넓지 못하다.

'뛰어난 지혜[上知]'와 '큰 어리석음[下愚]'은 습관[習]과 본성이 너무 멀어서 변화시키지 못한다.

아주 조그마한 악이라도 반드시 제거해야만 선함을 본성으로 삼을 수 있으며, 악을 잘 살피지 못하면 비록 선하다 해도 반드시 거칠어질 것이다.

"의식하지 말고 알려고 하지 말며, 다만 천제天帝의 법칙에 순응하라"[《시경》〈대아〉]고 하는데, 생각을 하고 지식을 쌓으면 천성을 잃어버리게 된다는 뜻이다. 군자는 본성에 있어서는 천지와 흐름을 같이하지만, 다만 행함에 있어서는 다를 뿐이다.

"언제나 천제의 곁에 계시네"[《시경》〈대아〉]라는 말은 곧 하늘의 이치를 살피고 나서 다스린다는 뜻이다. 하늘의 이치란 '때에 맞는 의리[時義]'일 뿐이다. 군자는 다른 사람을 가르칠 때는 하늘의 이치를 들어 보여주며, 자기 스스로 행할 때는 하늘의 이치를 때에 맞춰 적용한다.

조화와 즐거움은 도의 조건이다. 조화로우면 [도가] 커질 수 있고 즐거우면 [도가] 오래갈 수 있으니, 천지지성은 오래가는 것이자 큰 것일 뿐이다.

무엇이든 하늘이 아닌 것이 없으나, 양의 밝음이 이기면 덕성이 작용하고, 음의 탁함이 이기면 물욕이 생겨난다. 악을 없애고 선을 온전히 하려는 것은 반드시 배움에서 비롯된다.

성실하지 않고 장중[莊]하지 않은 것을 보고 본성을 다하고 이치를 궁구한다고 할 수 있겠는가? 본성의 덕은 거짓이 없고 나태하지 않다. 그러므로 거짓되고 나태한 자는 본성을 알지 못한다.

노력한 뒤에야 정성스럽고 장중해지는 것은 본성이 아니다. 노력하지 않고도 정성스럽고 장중해진다면, 이른바 "말하지 않아도 다른 사람들이 믿게 되고 성내지 않아도 위엄이 있다"[《중용》]고 하는 경지가 된다.

정직하게 살고 이치에 순응하면 길흉이 바르게 될 것이다. 정직하게 살지 않는 자는 요행수를 바라 복을 구하거나 구차하게 어려움을 피하려 한다.

"굽히고 펴는 것이 서로 감응하여 이로움이 생긴다"[《주역》〈계사하〉]는 것은 성誠으로 감응하는 것이요, "진실과 거짓이 서로 감응하여 이로움과 해로움이 생긴다"[《주역》〈계사하〉]는 것은 감응함에 거짓을 섞는 것이다. 지극한 정성은 이치에 순응해서 이롭고, 거짓은 이치에 순응하지 않아서 해롭다. 성性과 명의 이치에 순응하면 길흉이 바르게 된다. 이치를 거스르면 저절로 흉한 것을 얻게 되며, 길한 것은 어쩌다 요행으로 얻게 될 뿐이다.

　"명이 아닌 것은 아무것도 없으니 순순히 그 바른 것을 받아야 한다"[《맹자》〈진심상〉]. 성과 명의 이치에 따르면 성과 명의 바른 것을 얻으며, 이치를 버리고 욕심을 부리면 화를 초래한다.

7. 대심大心편

　마음을 크게 하면 천하의 사물들을 체득하게 된다. 사물을 체득하지 못하면 마음과 사물 사이에 간격이 있게 된다. 세상 사람들의 마음은 듣고 보는 편협한 데 머무르지만, 성인은 본성에 극진하여 보고 듣는 것에 마음을 잡아두지 않아, 그가 천하를 볼 때는 어느 물건 하나 자신과 같지 않은 것이 없다. 《맹자》[〈진심상盡心上〉]에서 "마음을 극진히 하면 본성도 알고 하늘도 안다"고 한 것이 바로 이것이다. 하늘은 너무도 커서 경계가 없다. 그러므로 경계가 있는 마음은 하늘의 마음과 합하기에 부족하다. '보고 들어서 아는 것[見聞之知]'은 바깥 사물과 교류하여 알게 되는 것이지 '덕성으로 아는 것[德性之知]'이 아니다. 덕성으로 아는 것은 보고 듣는 데 기원을 두지 않는다.

'사물 현상[象]'으로 인해 마음을 알게 되나, 현상을 따르면 마음을 잃는다. 현상을 아는 것이 마음이지만 현상을 보존하는 마음도 현상일 뿐이니, 그것을 일러 마음이라고 할 수 있겠는가?

사람들이 자기가 아는 것이 있다고 말하는데, 그것은 귀와 눈을 통해 얻게 된 지식이다. 사람들이 받아들이는 것이 있다고 말하는데, 그것은 안과 밖의 합치에서 비롯된 것이다. 귀와 눈 등의 한계를 넘어서서 안과 밖을 합치시킬 줄 알면, 그 앎이 남보다 훨씬 뛰어나다.

하늘의 밝음 중에서 해보다 더 밝은 것이 없다. 그러므로 눈으로 그것을 보더라도 그것이 몇만 리나 높이 있는지 알지 못한다. 하늘의 소리 중에서 요란한 천둥소리보다 더 큰 것이 없다. 그러므로 귀로 그것을 듣더라도 그것이 몇만 리나 멀리 있는지 알지 못한다. 하늘에서 막히지 않는 것 가운데 태허보다 더 큰 것이 없다. 그러므로 아무리 마음의 지식을 넓혀보아도 그 끝을 궁구할 수 없다. 사람에게 있어서 귀와 눈으로 보고 듣는 것이 그 마음에 장애가 되지만, [사람들은 여전히] 그 마음을 다하려 하지 않는다. 그러므로 그 마음을 다하려 생각하는 자는 마음이 어디서 왔는지를 안 뒤에야 가능하다.

귀와 눈은 비록 본성에는 누가 되지만 안과 밖을 합해주는 덕으로, 본성을 처음 열어주는 중요한 것임을 알 수 있다.

내 몸을 이뤄주는 것은 하늘의 신이다. 본성으로써 몸이 이루어지는 줄 모르고, 몸으로 인해 지혜가 계발된다고 스스로 말하는 것은 하늘의 공㓛을 자기의 힘으로 여기는 것이니, 이러한 사람이 과연 지식을 제대로 갖고 있는 것인지 모르겠다. 백성들이 어찌 알리오? 사물의 같고 다름이 서로 드러나고 만 가지 변화가 서로 감응하여 귀와 눈, 안과 밖이 합쳐지게 하는 하늘의 공을 탐해 스스로 자기가 아는 것이라고 말할 뿐이다.

사물을 체득하고 내 몸을 체득하는 것이 바로 도의 근본이다. 몸으로 도를 체득하면 사람이 크게 된다. 도는 내 몸과 사물을 하나로 여길 수 있으므로 크다. 사물을 내 몸과 같이 여기지 못해 사물이 내 몸에 누가 된다면 이는 심히 못난 사람의 일이다.

하늘의 이치로 내 몸을 체득하게 되면 만물 또한 체득할 수 있음은 의심할 바 없는 사실이다.

'사사로운 뜻'을 잊어버린 후에야 더불어 도를 향해 나아갈 수 있다.

변화하여 성인의 경지에 이르면 사사로운 뜻이 없어진다.

성심成心이란 '사사로운 뜻[意]'을 말하는 것일진저.

사사로운 뜻이 없다는 것은 때에 따라 그에 맞게 행동하는 것일 따름이다.

사사로운 뜻이 있으면 본성을 다할 수 없으니, 성스러워 알 수 없는 것을 신이라 한다.

내가 사물을 보면 내가 크지만, 내가 도로써 사물이나 나를 체득하면 도가 크다. 그러므로 군자의 큼이란 도에서 크다는 것이니, 스스로를 크게 하는 자는 미친 사람에 지나지 않는다.

하늘의 이치를 밝히는 것은 밝은 곳으로 향하는 것과 같아 삼라만상이 숨겨지는 일이 없다. 사람이 맘껏 욕심을 부리는 것은 오직 컴컴한 것을 보는 것과 같아 하나의 사물 속에 작게 제한될 따름이다.

석가모니는 하늘의 명을 알지 못하고 마음의 법으로 천지를 일으켰다 소멸시켰다 하고, 작은 것[말단]에서 큰 것[근본]이 연유하게 하며, 말단으로 근본에 연유하게 한다. 그래서 그는 천지의 참된 모습을 다 궁구하지 못하고 다만 헛된 것으로 여기니, 진실로 이른바 얼음을 의심한다는 말인가?[36]

석가모니는 하늘의 성을 망령되이 생각하고 하늘의 작용을 포괄할 줄 몰라서, 도리어 천지만물을 육근六根[37]이 만들어낸 [환상이라고] 생각했다. 그는 밝은 이치를 다하지 못하고 하늘과 땅, 해와 달을 헛된 것으로 여기며, 이것들의 작용

을 자신의 작은 몸으로 가리려 하고, 자신의 뜻을 큰 허공에
빠뜨리고 만다. 이것은 곧 큰 것과 작은 것에 있어서 은둔의
태도로 흘러 중도를 잃어버린 것이다. 큰 것과 관련해서는
육합六合[38]을 먼지와 쓰레기같이 여기며, 작은 것과 관련해서
는 인간 세상을 꿈같이 헛된 것으로만 여기니, 어찌 이치를
다 안다 말할 수 있겠는가? 이치를 다 알지 못하니 어찌 본
성에 극진하다고 하겠으며, 알지 못하는 것이 없다고 하겠는
가? 육합을 먼지와 쓰레기같이 여기는 것은 천지를 유한한
존재로 여기기 때문이며, 인간 세상을 꿈같이 헛된 존재로
여기는 것은 그 지혜가 인간의 기원을 제대로 궁구하지 못했
기 때문이다.

8. 중정中正편

  중정[39]한 뒤에야 천하의 도를 관통할 수 있으니, 이것이 바
로 군자가 정正함에 완전하게 거처하는 바이다. 대개 바른 것
을 얻으면 마땅히 머물러야 할 바를 얻고, 머물러야 할 바를
얻으면 도를 확충해 큰 것을 이루게 된다. 악정자樂正子[40]와
안회顔回 같은 이는 인을 행할 줄 알았다. 악정자는 배움을 이
루지는 못했지만, 선인善人과 신인信人으로서 인에 뜻을 두고
악한 일을 하지 않았다.[41] 안회는 배우기를 좋아하여 싫증 내

지 않았으며, 인과 지知를 함께 체득해서 성인의 자질을 갖추었으나, 다만 성인의 경지에까지 도달하지는 못했다.

배우는 이가 중도中道에 서면 그 자리로써 도를 넓힌다. 중도에 서지도 않고 도를 넓히려 하면 큰 것을 다한다 하더라도 거처할 곳을 잃어버리게 된다. 거처할 곳을 잃어버리면 그 덕을 숭상할 자리가 없게 되니, 이는 곧 덕에 미치지 못한 자와 같다. 따라서 안회는 자기 자신을 극복하고 '기미를 알아차리 는 능력[幾]'을 연마하면서 반드시 성인의 최고 경지를 추구하려 했다. 성인의 경지에 이를 때까지는 그만두지 않았으므로, 공자는 쉬지 않고 나아가는 모습을 보고 그가 어질다고 여겼다. 또 안회는 중中을 얻을 때까지는 [편안하게] 거처하지 않았는데, 공자는 안회가 성인의 경지에 이르지 못하고 죽은 것을 아쉬워했다.

큰 중과 지극한 정의 도가 실현하려는 최종 목표는 이러하다. 즉 성인이 남긴 경전은 반드시 [실질적인] 작용을 해야 하며, [성인이 제정한 예제禮制는] 간략히 함으로써 반드시 백성들을 서로 감응시키고 통하게 해야 할 것이다. 이런 경지에 이르지 못하고 성인을 보면 황홀하여 성인이 앞에 계신지 뒤에 계신지 그 완전한 모습을 이해할 수 없으니, 이것이 바로 안회가 탄식한 일이다.

[덕을] 행하고자 하는 것을 선善이라 하는데, 인에 뜻을 두면 악이 없어진다. 마음에서 선을 정성스럽게 하는 것을 신

僴이라 하고, 안이 충만하여 밖으로 드러나는 것을 미美라 하며, 하늘과 땅에 가득 찬 것을 대大라 하고, 대가 본성을 이루는 것을 성聖이라 하며, 천지와 같이 흘러 음양을 헤아릴 수 없는 것을 신神이라 한다.

하늘의 높고 밝은 이치를 미처 다 궁구하지 못하고, 땅의 넓고 두터운 이치에 극진하지 못하면 중도를 완전히 이해하기 어려우니, 안회가 탄식한 것은 아마도 이것일 게다.

군자의 도는 몸을 이루고 본성을 이루는 것을 공덕으로 삼는다. 성스러움의 경지에 이르지 못하면 행하기는 다 행했으되 미처 이루지 못한 것이다.

크면서도 아직 조화를 이루지 못했다면 그 큰 것을 아직 갖지 못한 것이다. 조화를 이룬 뒤에야 그 큰 것이 있게 된다.

덕이 대중大中을 지극함으로 삼는다는 사실을 알아야 '이를 데를 안다[知至]'고 할 수 있다. 중용의 도를 택해 이를 굳게 잡는 것이 곧 그것에 이르는 '과정[漸]'이다. 오로지 배울 줄 안 뒤에야 힘을 쓰게 되고, 힘을 쓴 뒤에야 날로 진보하며 잠시도 쉬지 않게 되어 최고의 경지에 오르는 것을 기약할 수 있다.

체가 바르면 고치기를 기다리지 않고도 넓어지며, 체가 바르지 못하면 반드시 바로잡아야 하니, 바로잡아서 중을 얻은 뒤에야 커질 수 있다. 그러므로 정성스러움을 다하는 자는 반드시 먼저 변화를 보이고 그다음에 화한다.

그 큰 것에 극진한 뒤에야 중을 구할 수 있으며, 그중에 머무른 뒤에야 큰 것이 있을 수 있다.

큰 것은 또한 성인의 소임이니, [백이伯夷의] '지나친 결백[淸]'과 [유하혜柳下惠의] '정도를 넘은 온화함[和]'처럼 치우친 경우42가 아니라면, 여전히 힘써서 크게 하는 것을 잊지 말아야 한다. 성인과 같은 이는 본성과 천도에 특별히 힘쓸 필요가 없다.

아무것도 섞이지 않은 것이 맑음의 지극함이며, 다른 것이 없는 것이 조화의 지극함이다. 애써 힘쓴 뒤에야 맑게 되는 것은 성인의 맑음이 아니며, 애써 힘쓴 뒤에야 조화롭게 되는 것은 성인의 조화가 아니다. 성인은 애써 힘쓰지 않고 생각하지 않아도 지극하게 되는 자이다.

힘쓴다는 것은 아직 안정되지 않았다는 뜻이요, 생각한다는 것은 아직 가질 수 없다는 뜻이다.

덕성을 존중하지 않으면 학문이 따라서 생겨나지 않으며, 넓고 큰 것을 이루지 못하면 정미精微로운 것이 있어도 그 성실함을 펼칠 곳을 잃게 되며, 높고 밝은 이치를 다하지 못하면 중용의 도를 선택하더라도 때에 맞춰 실천하는 마땅함을 잃게 된다.

[의意, 필必, 고固, 아我] 네 가지를 끊는 것43 외에 더 높은 경지가 있을 것이지만, 그것은 성스러운 [경지여서] 알 수가 없다.

부득이한 경우라는 말은 당연히 해야 하는 일을 하는 경우라는 뜻이다. 이러한 경우에는 비록 살인을 했더라도 모두 의義에 맞는 일이 된다. 그러나 사사로운 마음으로 일을 하면 비록 착한 일을 했더라도 모두 사사로운 뜻이 되어버린다. 자기를 바르게 함으로써 사물 역시 저절로 바르게 된다면 대인大人의 일이지만, 자기를 바르게 하고 사물도 의도적으로 바르게 하려 한다면 사사로운 뜻으로 인한 폐단[累]을 면치 못할 것이다. 사사로운 뜻이 있어서 착한 일을 하는 것은 자신의 이익을 위해 하는 것이며, 또 가식적으로 하는 것이다. 그렇지만 아무런 사사로운 뜻 없이 착한 일을 하는 것은 본성에 따라 자유롭게 하는 것이다. 사사로운 뜻으로 선한 일을 행하는 것도 최상의 일이 못 되거늘 하물며 착하지 못한 일을 일부러 해서야 되겠는가? 공자가 말하는 '네 가지를 끊음'이란 처음 배우는 사람부터 덕을 갖춘 사람에 이르기까지 양 극단에 모두 해당되는 가르침이다.

부득이하여 행하고, 또 부득이하여 행하지 못하는 데 그치면 지혜롭다고 할 것이다.

의意[뜻]란 사사로운 생각을 품는 것이고, 필必[기필함]이란 [반드시 실현하려는] 바가 있는 것이며, 고固[고집함]란 변화하지 못하는 것이요, 아我[아집]란 모남[方]이 있는 것이다. 이 네 가지 중 하나만 있어도 천지와 같을 수가 없다.

하늘의 이치를 꿰뚫으면 의, 필, 고, 아라는 잘못됨이 없어진다. 의, 필, 고, 아 가운데 하나라도 있으면 성실할 수 없다. 네 가지 모두 없어져야 바르게 수양이 되어 해로움이 없게 된다.

망령된 것을 제거해버린 뒤에야 머무를 곳을 얻게 되고, 머무를 곳을 얻은 뒤에야 수양할 바를 얻어 큰 것으로 나아가게 된다.

감응하지 않고 일어나는 것은 망령됨이요, 감응되어 통하는 것은 성실함이며, 헤아려보고 나서 알게 되는 것은 혼미함[昏]이요, 생각하지 않고도 얻는 것은 본래부터 갖추고 있는 성질이다.

일을 미리 정해놓고 하면 이루어지게 되는데, 반드시 먼저 가르침이 있어야 한다. 잘 가르치려면 반드시 먼저 의義를 빈틈없이 연마해야 한다. 의를 빈틈없이 하여 신神에 들어간 뒤에야 결정하면 이루어질 것이고, 움직이면 조화롭게 될 것이다.

도道에 뜻을 두면 [고귀한 품성이라는 기초에] 근거해 쉼 없이 노력을 할 것이며, 인에 의지하면 작은 것이라 할지라도 편안하게 노닐면서 조화를 잃지 않을 것이다.

배움에 뜻을 둔 뒤에야 도에 이를 수 있고, 예에 힘쓴 뒤에야 함께 설 수 있으며, 의혹을 없앤 뒤에야 상황에 따라 적절하게 대응할 수 있다. 글을 널리 익혀서 의를 모으고, 의를 모아서 변치 않는 도리를 바르게 하며, 변치 않는 도리를 바르게 한 뒤에야 천하의 도를 하나로 꿰뚫을 수 있다.

이치를 궁구하려 하나 이치에 순응하지 않고, 의리를 밝히려고 하나 의리로 옮겨가서 깊이 헤아리고 익힌 것을 살피려 하지 않는 이들이 과연 참되게 지혜로운 자인지 나는 알지 못하겠다.

지혜[知], 어짊[仁], 용감함[勇]은 천하에 두루 통하는 덕이니, 근본에는 차이가 있다 해도 알고 이루는 데 있어서는 한 가지다. 대개 어진 사람은 나면서부터 아는 자로서 [인仁, 의義, 예禮, 지知, 신信] 다섯 가지를 쉽게 행하는 자이다. 지혜로운 사람은 배워서 아는 자로서 다섯 가지를 스스로에게 이익이 되도록 행하는 자이다. 용감한 사람은 아주 힘들여 노력하고 나서야 알게 되는 자로서 다섯 가지를 힘써 행하는 자이다.

마음 한가운데 인을 편안히 [느끼며], 하고자 하지 않아도 인을 좋아하게 되고, 두려운 것이 아니더라도 인이 아닌 것 [不仁]을 싫어하는 이는 천하에 한 사람뿐이니, 오로지 자기 자신의 한 몸을 책망할 줄 아는 사람만이 마땅히 그러할 수 있다.

독실하게 도를 행하는 사람을 일러 후덕하다고 하는 것일까? 마치 하늘의 도가 그치지 않는 것처럼 저절로 그러한 것이야말로 최고의 독실함이 아니겠는가?

군자는 천하의 선한 것에도 통달하고 선하지 못한 것에도 통달하니, 남[物]과 나 사이에 사사로운 구별이 없다. 도리를 따르는 자가 있으면 그와 함께 기뻐해주고, 도리를 따르지 않는 자에 대해서는 함께 이를 고치려고 노력한다. 고치려 한다는 것은 비록 허물이 다른 사람에게 있다 하더라도 마치 자신에게 있는 것처럼 하여 스스로 책망하기를 잊지 않는 것이다. 함께 기뻐한다는 것은 비록 선함이 자기 자신에게 있다 하더라도 마치 다른 사람에게 있는 것처럼 하여 반드시 다른 사람과 함께하는 것이다. 선함은 천하와 함께 기뻐하고 선하지 못함은 천하와 함께 고쳐나가는 것이야말로 바로 선과 불선에 통달하는 것이다.

선인이라 불리는 자는 인에 뜻을 두었으나 미처 그 학문을 다 이루지 못한 자로서 다만 악함이 없을 따름이다. 군자라고 이름 지어 부르는 것도 반드시 그 내용에 합당하게 말하고 있음이 바로 이와 같도다.

선인은 인을 행하고자 하나 인을 미처 다 이루지 못한 사람이다. 인을 행하려 하기 때문에 비록 옛 법도를 따르지 못하더라도 악에 빠지지 않으니, 자기 안에 인을 갖추고 있기 때문이다. 그러나 이는 문지방에는 올라섰으나 아직 방에는 들어가지 못한 것과 같은데, 배우지 못해 성인의 방에 어떻게 들어가야 할지 모르기 때문이다.

불인不仁을 미워하는 자 가운데 일찍이 불선不善을 알지 못하는 자가 없었다. 인을 좋아하면서도 불인을 미워하지 않으면, 습관에 대해 반성할 줄을 모르고 행동으로 인을 보여주지 못할 것이다. 그러므로 선함만으로 의를 다할 수 없으며, 옳음[是]만으로 인을 다할 수 없다. 인을 좋아하는 동시에 불인을 미워해야만 인과 의의 도리를 다할 수 있다.

독실히 믿고 또한 배우기를 좋아해야 한다. 독실히 믿으면서도 배우기를 좋아하지 않는다면 '착한 사람'이나 '믿음 있는 선비'라고만 일컬어질 수 있을 뿐이다. 여색을 좋아하듯 덕을 좋아하는 것은 인을 대단히 좋아하는 것이다. 허물을 보고 마음속으로 스스로 책망하고 불인을 싫어하여 자신의 몸에 들이지 않는 것은 불인을 대단히 싫어하는 것이다. 만약 배우는 이들이 이와 같지 않다면 몸을 닦고 수양하는 것이 부족해서이다. 그러므로 공자는 미처 이러한 사람을 보지 못했다고 탄식하여 가로되, "아! 그만두리라[已矣乎]"라고 했으니, 바로 이러한 사람을 깊이 사모했던 것이다.

인에다 뜻을 두고 따르면 인을 얻고, 의에다 뜻을 두고 따르면 의를 얻게 되니, 오로지 민첩하게 할 따름이다.

글을 넓게 배우고 예를 간략하게 행하면 지극히 뚜렷한 곳에서 지극히 간결한 곳으로 들어가게 되니, 도에 어긋나지 않을 것이다. 옛것을 익혀 새것을 배우며, 이전 사람들의 말과 행동을 많이 알아서 나의 덕을 쌓는 것은 옛날의 일을 밝혀 새로운 것을 아는 것이니, 옛날에 미처 이르지 못한 것을 생각하여 지금 이르게 하고, 옛날에 보고 들은 것에 따라 앞으로 올 것을 살피는 것은 모두 다 이러한 경우이다.

스스로 책망하는 자는 천하와 국가에 모두 옳지 않은 이치란 없다는 것을 안다. 그러므로 배움이 다른 사람의 허물을 탓하지 않는 경지에까지 이르면 곧 배움의 지극함이라 할 만하다.

들어보고 나서 의심됨이 없어야 다른 사람에게 말을 전하며, 보고 나서 위태롭지 않아야 이를 배워서 행하는 것은 보통 사람들의 덕이다. 들으면 곧바로 행하는 것은 배우기를 좋아하는 사람들의 태도다. 직접 보고 그것이 선한 일인 줄 알면서도 과감하게 실천하지 못하는 자는 그래도 알지 못하는 자보다는 낫다고 할 것이다. 세상에는 알지 못하면서도 행하는 자가 있는데, 대개 고루하고 망령되다. 공자도 감히 이러한 일을 하지 못하겠기에 "나는 이러한 일이 없다"라고 말했다.

능한 사람이 능하지 못한 사람에게 묻고, 많은 무리가 적은 무리에게 물으며, 스스로 덕을 잘 닦아 그로써 다른 사람을 가르치는 것은 은미하여 잘 드러나지 않는 어진 일이다.

"산을 만들고 [한 삼태기를 남겨두고 중단하는 것도 내가 중단하는 것이며], 땅을 평평하게 함에 [비록 한 삼태기의 흙을 덮었더라도 나아가는 것은 내가 나아가는 것이다]"[《논어》〈자한子罕〉]. 이는 공자가 지극한 경지에까지 이르지 못한 안회를 아쉬워하며 한 말이기도 하며, 호향 사람들의 학문적인

정진을 인정해 한 말이기도 하다.[44]

배우는 이들에게는 네 가지 잘못이 있을 수 있다. 명리名利를 위해 학문을 하면 많은 일에서 잘못이 있게 되고, 높고 많은 것을 좋아하면 낮고 적은 일에서 잘못이 있게 된다. 또한 자세히 살피지 않으면 [모든 일을] 쉽게만 여기게 되고, 어려운 일에 지나치게 힘쓰면 곧 그만두게 된다.

배우는 이들이 예의를 버리면 하는 일 없이 종일 배불리 먹기만 하여 일반 백성들과 별반 다를 바 없게 된다. 이러한 사람들이 하는 일이란 기껏해야 먹고 입고 놀고 즐기는 것뿐이다.

마음으로 도를 구하는 것은 자기 기준으로 다른 사람을 알려고 하는 것과 같아서, 저들[불교도들]이 마침내 스스로 자신을 세워 아무 생각도 하지 않고 다른 사람을 이해하게 되었다고 하는 경우만 못하다.

법도에 합당한지 고찰해 어기지 않음으로써 죄를 모면하려는 자는 죄를 두려워하는 사람이다. 그러므로 "도를 살펴 생각함으로써 잘못됨이 없게 한다"[《예기禮記》〈표기表記〉]고 했다.

유학자는 이치를 궁구해 본성을 따르게 되니, 이것을 일러 도라고 할 수 있다. 불교도는 궁구할 줄 모르면서도 자기 스스로 불성佛性을 가졌다고 말하니, 학설은 미루어 행할 수가 없다.

극진히 하여 두 마음을 두지 않으면 덕에 일정한 형태가 있게 된다. 체와 상象이 진실로 일정하게 되면 예악禮樂에 정통한 모습[文]과 절도[節]가 드러난다. 하나라도 극진히 하면 나머지 선함도 함께 밝아진다. 밝음이 함께 비치면 장차 의義로 옮겨갈 것이다. 성誠이 의로 옮겨갈 수 있으면 덕이 저절로 변화를 부르게 된다. 변화가 이루어지면 원만한 신神의 경지에 이르러 막히는 바가 없게 된다.

알지 못하는 것이 있다고 스스로 인정하는 사람은 아는 것이 있는 사람이나, 알지 못하는 것이 없다고 하는 사람은 아는 것이 없는 사람이다. 그러므로 공자는 미천한 사람이 무엇을 묻더라도 앞뒤 사정을 잘 헤아려 성심껏 가르쳐주었으며, 하잘것없는 질문이라고 책망하지 않았다. 역은 비록 아무 생각도 없고 아무 일도 하지 않지만 명을 받을 때는 곧 울리는 소리와 같이 응하게 된다. 성인[즉, 공자]의 말씀 한마디가 천하의 도를 다하니, 비록 미천한 사람이 묻더라도 반드시 앞뒤 사정을 헤아려 성심껏 가르쳐주었던 것이다. 그러나 묻는 자는 저마다 자기의 능력과 분수에 따라 만족하게 되니, 그 앞뒤 사정을 완벽하게 파악하지는 못한다.

다른 사람을 가르치는 사람은 반드시 배움에 이르는 데 어렵고 쉬운 것을 알고 또한 배우는 사람의 좋고 나쁜 점을 알아서, 똑같은 것이라도 어떤 사람에게는 그것을 먼저 가르치고 또 어떤 사람에게는 나중에 가르쳐야 한다는 것을 알 수 있어야 한다. 물을 뿌리고 마당을 쓸고 손님을 맞는 것과 같은 일은 어른들을 공손히 대하고 공경하느라 어릴 때부터 하던 일이므로, 다 자란 사람들에게 이런 것을 가르치면 그들은 반드시 싫증을 내고 싫어할 것이다. 오로지 성인이라야 '큰 덕'에 처음도 있고 끝도 있으므로, 크고 작은 일을 막론하고 극진하지 않음이 없다. 그렇지만 이제 처음 배우는 사람들은 이러한 큰 덕을 계승할 수 없으니, 망령되게 이들에게 큰 덕 을 가르친다고 하는 것은 곧 다른 사람을 속이는 일이 될 뿐 이다.

배움의 어려움과 쉬움을 아는 것은 덕을 아는 것이고, 사람의 좋고 나쁜 점을 아는 것은 사람을 아는 것이다. 사람을 알면 덕도 알게 되니, 사람을 가르쳐서 덕에 이르게 할 수 있다. 공자가 같은 물음에 대답을 달리 하는 것은 바로 이 때문이다.

"몽蒙으로 바른 것을 기른다"[《주역》〈몽괘단전蒙卦彖傳〉]고 했으니, 몽매한 사람으로 하여금 바름을 잃지 않게 하는 것이 바로 가르치는 사람의 공덕이며, 그 도를 다하는 것은 오로지 성인뿐이다.

종은 저절로 소리가 나는 것이 아니라 때려야 소리가 나며, 성인에게는 본래 앎이 있는 것이 아니라 물음을 통해 앎이 있게 된다. 때에 맞춰 적절히 내리는 비의 조화 같은 것은 당연히 알맞은 시기에 저절로 이루어지는 것이지, 구하는 일과 행하는 일을 기다린 후에 [그러한 이치를] 가르쳐주는 것이 아니다.

스승의 뜻을 항상 잘 이어받으면 비유가 적더라도 깨칠 것이며, 스승의 말씀을 잘 받아들이면 가르침이 미미하더라도 착하게 될 것이다.

"무릇 배움에 있어서는, 관직을 가진 자는 일을 먼저 배워야 하며, 관직이 없는 선비는 뜻하는 바를 먼저 해야 한다"[《예기》〈학기學記〉]고 했는데, 말하자면 관직에 있는 자에게는 먼저 사무를 가르쳐야 하고 관직에 나가지 않은 자에게는 뜻을 바르게 하도록 해야 한다는 얘기다. 뜻이란 가르치는 일의 큰 도리를 말한다.

"덕으로 이끈다"[《논어》〈위정爲政〉]는 것은 체벌 없이 도덕을 통해 그들 스스로 변화하게 하는 것이다. 그러므로 다른 사람을 깨우치고자 하는 자는 '자신의 사사로운 생각[意]'에 앞서 뜻[志]을 겸손히 따르는 것이 옳다. 대개 지志와 의意를 구분해보면, 지는 공정한 반면 의는 사사롭다.

어질지 못한 자를 어질게 만들면 이는 곧 인을 베푸는 바가 두터운 것이다. 그러므로 성인[즉 공자]은 인과 지智를 묻는 말에 함께 답하기를, "곧은 사람은 등용하고 굽은 사람은 모두 버려둔다"[《논어》〈안연〉]고 했다.

다른 사람을 책망하는 마음으로 자기 자신을 꾸짖으면 도를 다하게 된다. "군자의 도는 네 가지인데 나는 단 하나도 능하지 못하다"[《중용》]고 한 것이 바로 그런 것이다. 자기 자신을 사랑하는 마음으로 다른 사람을 사랑하면 인을 다하게 된다. 이것이 이른바 "내가 하고 싶지 않은 것은 또한 다른 사람에게도 시키지 말라"[《중용》]는 것이다. 보통 사람의 법도로 사람들을 가르친다면 따라가기 쉬울 것이다. 이것이 이른바 "보통 사람의 법도로 보통 사람을 다스리다가 고쳐지면 그만둔다"[《중용》]는 것이다. 이것이 바로 군자가 자기 자신을 책망하고 다른 사람을 꾸짖으며 또한 다른 사람을 사랑하는 세 가지 법이다.

가르침을 받을 마음이 있는 사람이라면 비록 오랑캐라 할지라도 가르칠 것이다. 그러나 도를 행하는 것이 서로 다르다면 비록 같은 무리라 해도 일을 함께 도모하기가 어려울 것이다.

대인이 마음에 둔 바는 반드시 천하를 법도로 삼는 것이다. 그러므로 맹자는 다른 사람을 가르칠 때 재물과 여색에 대한 욕심이나 친척과 윗사람에 대한 사사로운 마음까지도 천하를 법도로 삼게 한 뒤에야 그만두었다.

백성을 자식으로 삼아 품에 품고 부화시켜서, 무리 중 뛰어난 자에게 날개를 달아 날게 해준다면 곧 나의 도가 행해질 것이다.

9. 지당至當편

지극히 당연한 것을 덕德이라 하고, 모든 일이 순조로운 것을 복福이라 한다. 덕은 복의 기초이며 복은 덕을 이루는 것이다. 덕이 있으면 하는 일마다 순조롭지 않은 것이 없으므로, 군자는 그 도를 얻는 것을 즐거워한다.

천하의 이치를 따르는 것을 도라 하고, 천하의 이치를 얻는 것을 덕이라 한다. 그래서 "쉽고 간단한 선은 지극한 덕과 짝을 이룬다"[《주역》〈계사상〉]고 했다.

"큰 덕은 변화를 돈독히 한다"[《중용》]는 것은 인과 지가 하나로 합해 돈독히 변화한다는 뜻이다. "작은 덕은 냇물처럼 흐른다"[《중용》]는 것은 성인의 덕이 근원을 갖고 있어서 수시로 흘러나온다는 뜻이다.

"큰 덕이 법도를 넘지 아니하면 작은 덕은 융통성이 있어도 좋을 것이다"[《논어》〈자장子張〉]. 이 말은 큰 것이 그릇을 이루면 작은 것은 그릇에 얽매이지 않아도 무방하다는 뜻이다.

"덕이란 얻는 것이다"[《예기》〈악기樂記〉]라고 했으니, 무릇 성性과 질質을 가진 것은 모두 덕을 가질 수 있다.

"날마다 새로워지는 것을 '왕성한[盛]' 덕이라 한다"[《주 역》〈계사상〉]. 이 말은 지나간 것을 마음에 두지 말고 앞의 미세한 것에 얽매이지 말아야 한다는 뜻이다.

넓고 넓어 해로움이 없으면 천지와 덕을 같이하고, 비치는

것이 어느 한쪽으로 치우치지 않으면 해와 달과 밝음을 같이
하며, 천지와 함께 행하면 사시四時와 차례를 같이하고, 주고
받고 응대하는 것이 한쪽에 치우치지 않으면 귀신과 길흉을
같이할 수 있을 것이다. 천지와 덕을 같이하고, 해와 달과 밝
음을 같이한 후에야 능히 일정한 장소나 형체가 없어질 것이
며, 일정한 장소나 형체가 없어진 후에야 능히 '아집'이 없어
질 것이다.

　예를 그릇으로 삼으면 이것을 몸에 간직하여 모든 면에서
편하게 쓸 수 있다. '예운禮運'이란 '예에 통달함'을 의미하며,
'예기禮器'란 '예를 이룸'을 말한다. 통달함과 이룸이란 체와
용用의 도가 합쳐진 것이다. 체와 용이 합쳐지면 대인의 일
이 갖춰진다. 예를 그릇으로 삼고 작은 것에 얽매이지 않는
다면 예 아닌 예와 의 아닌 의는 하나도 없게 될 것이다. 대개
큰 것이 그릇을 이루면 나가고 들어오는 모든 작은 일들 또
한 때에 맞지 않는 것이 없게 될 것이다. "큰 덕이 법도를 넘
지 아니하면 작은 덕은 융통성이 있어도 좋을 것이다"[《논어》
〈자장〉]라는 자하子夏의 말은 바로 이를 이르는 것이다.

　예를 그릇으로 삼는 것은 큰일이니, 본성을 수양하여 작게
이루는 따위가 아니다. 예가 운행되면 곧 변화가 따르게 되
니, 도에 순조로이 도달할 것이며 또한 즐거움이 따를 것이
다.

　"만물이 모두 나에게 갖추어져 있다"[《맹자》〈진심상〉]는 말

은 만물이 모두 나에게 바탕을 두고 있다는 뜻이다. "자신의 몸을 돌이켜 정성스럽게 한다"[《맹자》〈진심상〉]는 말은 행실이 마음과 일치하면 즐거움도 말할 수 없이 크게 됨을 뜻한다.

옥같이 되지 못하면 덕을 이루지 못하고, 덕을 이루지 못하면 천하에 믿음을 주지 못한다. "자신을 수양하여 다른 사람을 편안케 한다"[《논어》〈헌문憲問〉]고 했으니, 자기 몸만 수양하고 다른 사람을 편안케 하지 못하면 아내와 자식에게도 그 도가 미치지 않을 텐데, 하물며 천하를 감동시킬 수 있겠는가?

"자신을 바르게 하고 다른 사람에게서 구하지 않는다"[《중용》]는 말은 바깥의 성대함을 원하지 않는다는 뜻이다.

인도仁道에는 근본이 있다. 먼저 자신을 시험하고 그것을 다른 사람에게까지 미치게 하는 것이다. 널리 베풀고 대중을 구제하여 천하에까지 도를 넓혀가고 무궁하게 도를 베풀고자 하면 반드시 성인의 재능을 지녀야 한다.

행동을 통제함에 있어 자신을 기준으로 삼으면 다른 사람과 동화하지 못한다.

억지로 다른 사람들의 동의를 이끌어내려 하면 다른 사람들로부터 고립될 것이며, 억지로 다른 사람들의 긍정을 이끌어내려 하면 잘못이 있게 된다.

능히 천하의 뜻에 통달한 자라야 사람의 마음을 감동시킬 수 있다. 성인은 다른 사람을 동화시키며 아집이 없다. 그러므로 천하를 화평하게 하는 데는 사람의 마음을 감동시키는 것보다 더 좋은 것이 없다.

도가 사람에게서 멀어지면 그것은 인이 아니다.

쉽고 간편한 이치를 얻으면 곧 기미를 알게 되며, 기미를 안 후에야 법도가 바르게 될 수 있다. 천하를 관통하는 도가 다섯[45]이니 이는 백성들의 큰 법도이다. 법도가 바르면 도가 앞서 정해지고, 일이 미리 성립되며, 그 행할 바를 의심하지 않게 된다. 쓰임에 이롭고 또 몸을 편안하게 하는 요체로서 이보다 우선되는 것이 없다.

하늘의 법도를 나의 본성으로 한 뒤에야 인의仁義가 행해진다. 그래서 "아버지와 아들, 임금과 신하, 윗사람과 아랫사람이 있은 뒤에야 예의가 행해진다"[《주역》〈서괘序卦〉]고 했다.

인은 본성에 통달한 것이다. 그러므로 인은 [본성을] 수양하여 [마음을] 고요하게 함으로써 편안함을 가져올 수 있다. 의는 아는 것을 행하는 것이다. 그러므로 의는 절문節文[예악제도]을 다하여 움직이게 함으로써 변화를 가져올 수 있다.

의는 인의 움직임이지만, 의로 너무 기울면 인을 상하게 할 수도 있다. 인은 의의 본체지만, 인에 너무 치우치면 의를 해칠 수도 있다.

"서서 방향을 바꾸지 않는다"[《주역》〈항괘대상恒卦大象〉]고 한 것은 인에서 편안하게 머물기 때문이다.

만나는 것마다 편안히 해주며 인을 두텁게 하기 때문에 사랑하는 데 변하지 않는 마음이 있다. [사랑하는 데] 변하지 않는 마음이 있으면 그 대상은 변하지 않는 사랑을 받게 된다.

큰 바다는 그 자체로는 윤택하지 않으나 메마른 것이 윤택함을 필요로 하기 때문에 윤택하게 되고, 지극히 어진 사람은 자신에게는 은혜롭지 않으나 은혜가 부족한 자가 은혜를 필요로 하기 때문에 은혜롭게 된다. 하늘의 뜻을 즐기고 거처하는 땅에서 편안하게 살면, 다른 것들로 인해 피해를 입는 일이 없을 것이다.

다른 사람을 사랑한 후에야 자기 몸을 보전할 수 있다.[46] 자기 몸을 보전할 수만 있다면 어느 곳이든 장소를 가리지 않고 편안해진다.[47] 어느 곳이든 장소를 가리지 않고 편안한 것은 깨달은 바가 크기 때문이며, 하늘의 이치를 크게 깨달으면 본성도 이루고 몸도 편안해지게 된다.

하늘의 이치를 깨닫게 되면 하늘의 뜻을 즐기게 되고, 하늘의 뜻을 즐기면 아무도 원망하지 않게 된다. 인간의 이치를 배우게 되면 자신을 다스리게 되고, 자신을 다스리면 아무도 원망하지 않게 된다.

장래에 다가올 일을 알지 못하면 쓰임에 이롭지 못하고, 낮과 밤의 도리를 깨닫지 못하면 하늘의 뜻을 즐기지 못한다. 성인은 덕을 이루며 사사로이 처신하지 않는다. 그러므로 힘쓰고 애써서 스스로 강하게 되니, 하늘에 대해 [그 자신을] 완성할 따름이다.

군자는 어질고 성스러우니, [배우는] 일을 싫어하지 않고 다른 사람을 가르치는 데 게으르지 않다. 그런데도 스스로 할 수 없다고 말하는데, [실상은] 대개 할 수 있다. 능력이 다른 사람보다 뛰어나지 못할 때 다른 사람과 능력을 다투게 되며, [능력 때문에] 다른 사람을 괴롭히게 된다. [능력이] 크면 천지와 덕을 같이하며, 스스로 능력을 드러내지 않는다.

군자의 도는 하늘과 같아지는 것이므로 비록 성인이라 해도 이루지 못할 수 있다. 평범한 사람의 지혜가 사물에 섞여 있으므로 덕 있는 사람은 이에 참여하지 않는다.

평범한 사람은 하늘의 총명함이 아니면 사람됨을 이룰 수 없으며, 성인은 하늘의 총명함을 다 구현한 자이다.

덕 있는 사람은 남을 포용하기만 할 뿐 남을 버리는 일이 없고, 남을 사랑하기는 해도 남을 따라가는 일은 없다. 하늘의 도가 바로 그러한 것이다. 하늘은 곧은 것으로써 만물을 기른다. 하늘을 대신하여 만물을 다스리는 자가 [만물을] 정성껏 이루어주면서도 그 곧은 것을 해치지 않으면 곧 하늘의 도리를 다하는 것이다.

뜻이 크면 재주도 크고 사업도 크다. 그래서 "클 수 있다"고 하고, 또 "풍부히 갖고 있다"고 하는 것이다. 뜻이 오래가면 기운도 오래가고 덕성도 따라서 오래가게 된다. 그래서

"오래갈 수 있다"고 하고, 또 "날마다 새로워진다"고 하는 것이다.[48]

청淸이란 남과 달리하는 것이요, 화和란 남을 따라가는 것이다.

금같이 조화를 이루고 옥같이 조절하면 지나치지 않게 된다. 운행을 알아 그것을 곧고 한결같이 하면 다른 곳으로 흘러드는 일이 없다.

도가 오래가고 또 클 수 있는 것은 그것이 하늘과 땅을 닮아서 서로 떨어지지[離] 않기 때문이다. 하늘과 땅과 비슷하지 않으면 도와 아주 어긋나게 된다.

오래간다는 것은 한결같이 순수함을 말하며, 크다는 것은 두루 풍부함을 말한다.

큰 것은 곧으나 엄하지 않으며, 모가 나 있지만 [다른 사람에게] 상처를 주지 않는다. 그러므로 노력하지 않아도 이롭지 않음이 없다.

쉽고 간단하게 된 후에야 험하고 막힌 것을 알 수 있다. 쉽고 간단한 이치를 체득한 뒤에야 천하의 도리를 꿰뚫을 수 있다. 쉽고 간단하기 때문에 마음이 즐거워지고, 험하고 막힌 것을 알기 때문에 생각하면서 연구할 수 있다. 기미를 알면 굽은 것도 펼 수 있다.

"군자는 다투는 일이 없다"[《논어》 〈팔일八佾〉]. 저쪽이 펴면 곧 내가 굽히는 것이 지혜다. 저쪽이 굽히면 나는 펴지 않아도 펴질 것이니, 또 무엇을 다투겠는가?

포용하지 못하는 것이 없게 된 뒤에야 굽히고 펴는 도에 극진할 수 있다. 지극히 허虛하면 펴지지 못할 것이 없다. "군자는 다투는 일이 없다"고 한 것은 군자가 굽히고 펴는 기미를 알기 때문이다. "의를 빈틈없이 실행하여 신묘한 경지에 들어간다"[《주역》〈계사하〉]고 했는데, 다투지 않는 곳에서 서로 펴면 [이치에] 순응함이 이보다 더할 수 없으며 이로움 또한 한없이 크게 될 것이다.

천하에 무엇을 생각하며 무엇을 염려하겠는가? 굽히고 펴는 변화만 밝히면 모든 것이 다 이루어진다.

싸움에서 승리하는 것은 지극히 유순한 것으로 굽히고 펴는 신묘함[신묘한 이치]을 밝게 아는 데 있다.

공경하면 [예禮를] 이루게 되고, [예를] 이루면 곧 하는 일이 있게 된다.

공경함은 예의 수레다. 공경하지 않으면 예가 행해지지 않는다.

공경하고 자기 감정을 억제하여 법도를 따르며, 겸양으로 예를 밝히는 것은 인의 지극함이요 사랑하는 도리의 극치이다.

스스로 밝음을 이루기 위해 힘쓰지 않으면 다른 사람이 따르지 않게 되고, 도가 넓어지지 못하며, 가르침 또한 이루어지지 못한다.

예는 곧으면 맑아지고, 구부러지면 흐려지고, 조화를 이루면 이롭게 되고, 즐기면 편안해진다.

장차 쓰임을 이루고자 하는 자는 기회를 놓쳐서는 안 되며, 덕을 이루려고 생각하는 자는 의로 옮겨가는 것을 빈틈없이 해야 한다. 이것이 바로 군자가 흉하고 두려운 일이 많은 곳에 있더라도 힘써 덕업德業을 닦으며, 때에 따르는 노력을 조금도 게을리하지 않는 까닭이다.

움직이거나 고요하거나 간에 그때를 잃지 않는 것이 의의 극치다. 의가 극치에 이르면 광명이 드러나게 된다. 오직 때에 [맞는] 사물만이 미리 정해져 있어서 허물이 없게 된다.

길함과 흉함, 이로움과 해로움이 있은 뒤에야 사람의 계획이 생겨나고 큰 사업이 생겨나게 된다. 행하는 일마다 모두 마땅하다면 과연 무슨 사업이 존재하겠는가?

천하에 무엇을 생각하며 무엇을 염려하겠는가? 아무 일도 없는 것같이 하면 모든 것이 다 이루어진다.

아는 것이 높은 것은 하늘[뜻을 본받은 것]로서 형이상形而上이다. 낮과 밤[의 이치]을 깨달아 알게 되면 아는 것이 높다고 할 만하다.

앎에 이르더라도 예를 본성으로 삼지 않으면 자기 것이 되지 않는다. 예를 알아 본성을 이루면 그곳에서 도의道義가 생겨나니, 하늘과 땅이 제자리를 잡고 나서 '역'이 행해지는 것과 같은 이치다.

덕이 말로 설명하기 어려운 것인 줄 아는 것이 앎의 극치이다. 맹자는 "내가 말에는 능하지 못하다" 했고, 또 "호연지기浩然之氣는 말로 하기 어렵다" 했다. 《주역》에서는 "말을 하지 않아도 믿는 것은 덕행과 관계가 있다" 했고, 또 "말을 존숭하는 것은 성인의 도이다"라고 했다. 만약 덕을 알지 못한다면 어찌 이러한 경지에 도달할 수 있겠는가?

암연闇然하다는 것은 은밀히 수양하는 것이요, 적연的然하다는 것은 밖으로 드러나는 것이다.

10. 작자作者편

"[이전에 없던 것을 새롭게] 만든 이가 일곱 사람이다"[《논어》〈헌문〉]. 복희伏羲, 신농神農, 황제黃帝, 요堯임금, 순임금, 우임금, 탕湯임금이 바로 그들이다. 법도를 제정하고 왕도를 진흥시키는 것은 다른 사람에게서 이어받는 것이 아니다.

사람을 아는 것은 어려우므로 아직 드러나지 않은 죄를 이유로 사람을 가벼이 버리지 않는다. 백성을 편안하게 하는 것은 어려운 일이므로 마음에 들지 않는 임금이라 할지라도 가벼이 바꾸지 않는다. 순임금에 이르러서 악한 무리49를 제거했다. 요임금은 임금의 덕을 갖고 있었기 때문에 자신의 끝을 충실하게 했으며, 순임금은 신하의 덕을 갖고 있었기 때문에 경건하게 시작하지 않을 수 없었다.

백성을 생각하여 자신을 버린 사람은 요임금이고, 다른 사람과 더불어 선을 행한 사람은 순임금이며, 선한 말을 들으면 경배한 사람은 우임금이고, 다른 사람 쓰기를 오로지 자기 자신처럼 하고 자신의 허물을 고치기를 주저하지 않은 사람은 탕왕이며, 다른 사람이 말하지 않아도 법도를 따르고 [선함에] 들어간 사람은 문왕文王이다.

생명을 구별하고 부류를 나누는 사람을 일컬어 맹자는 "모든 사물의 도를 밝히며 인륜을 살피는 자"라고 말했다.

상象[50]이 근심하고 기뻐하는 것을 순임금 역시 근심하고 기뻐한 것은 바로 지나치는 것마다 교화하는 것이며, 다른 사람과 더불어 선을 행하고 다른 사람의 허물을 감싸주는 것이며, 깨달음이 앞선 것이다.

[순임금은] 물어보기를 좋아하고, 가까운 말을 살피는 것을 좋아하고, 다른 사람의 허물을 감싸주고, 착한 것을 선양하고, 다른 사람과 더불어 선을 행하고, 상이 근심하면 함께 근심하고 상이 기뻐하면 함께 기뻐하셨다. 이것은 모두 그 일 없는 바를 행하는 것이며, 지나치는 것마다 교화하는 것이며, 또한 노여움을 간직해두지 않고 원한을 묵혀두지 않는 것이다.

순임금의 효성과 탕왕·무왕武王의 무력은 비록 순리와 역리라는 측면에서는 다르지만, 모두 불행한 일이었다는 점에서는 마찬가지다. 모든 사물의 도를 밝히고 인륜을 살핀 뒤에야 의리에 밝고 쓰임을 다할 수 있으며 또 인을 본성으로 하여 행할 수 있다. 탕왕이 걸왕桀王을 추방함에 주저되는 부분이 있었지만 [그 죄를] 용서해주지 않았으니, 중용을 취하는 일의 어려움이 바로 이와 같다. 천하에는 도가 있을 뿐이다. [도가] 다른 사람에게 있든 나에게 있든 도에 차이가 있는 것은 아니다. 어진 사람을 등용하는 데 부류를 가리지 않음이 바로 이와 같다.

'어진 사람을 등용하는 데 부류를 가리지 않는 것'은 탕왕이 천하를 공적인 것으로 여겨 [어진 사람을 등용하는 데] 흔들리지 않았음을 말해준다. "앉아서 아침을 기다린다"[《맹자》〈이루하離婁下〉]고 하는 것은 주공이 성현의 도리를 배워서 반드시 이러한 도리가 실현되는 것을 보고자 하는 것이다.

"상제上帝의 신하를 덮어 가려주지 않는다"[《논어》〈요왈堯曰〉]는 것은 걸왕의 죄를 [탕왕이] 하늘의 뜻을 어겨가면서까지 용서해주지는 못한다는 말이다. 이미 이겼으니, 이제는 천하에 상제의 신하 아닌 것이 없다. 선한 일이나 악한 일이나 숨길 수가 없으니 오로지 상제께서 택하여 명할 뿐이요, [탕왕] 스스로는 [상제의 명을] 듣지 않을 수 없다.

우虞나라와 예芮나라의 분쟁이 해결되자 천하의 소송하는 사람들이 다 주왕紂王에게 가지 않고 문왕에게 갔다. 문왕의 삶은 천하에 연결되어 있었고, 문왕은 네 명의 친구 같은 신하[굉요閎天, 태전太顚, 남궁괄南宮适, 산의생散宜生]에게서 많은 도움을 받았다.

"버드나무 삼태기에 참외를 담아 보낸다"[《주역》〈구패구오효사姤卦九五爻辭)]는 것은 문왕이 주왕을 섬긴 도리를 보여준다. 문왕은 아랫사람을 후대함으로써 가운데가 무너지는 것을 방비한 분이며, 사람의 꾀를 다하고 하늘의 명을 들으신 분이다.

하늘의 일은 소리도 없고 냄새도 없으며, 형상화할 수도 없다. 문왕만 본받으면 당연히 하늘의 덕에 합치되고 천하만방이 모두 신임하고 좋아할 것이다. 그러므로《주역》에서는 "신묘하여 그것을 밝히는 것은 바로 그 사람[문왕]에게 달렸도다"[《주역》〈계사상)]라고 했다. [높은] 소리와 [엄한] 낯빛을 보이지 않고도 다스리며, 혁명을 하지 않고도 중국을 차지하고, 상제의 법에 가만히 순응하여 천하가 스스로 돌아오게 한 이는 오직 문왕뿐이다.

원하고 바라는 것은 비록 성인의 지혜가 재주를 다 발휘한다 해도 만족시키지 못할 것이다. 그러므로 군자의 도리 네 가지[51]는 비록 공자라 하더라도 능하지 못하다 했다. 그리고 널리 베풀어 대중을 구제하고 자신의 몸을 닦아 백성을 편히 하는 것은 요, 순 같은 임금에게도 [다하지 못하여] 마음에 병이 되었다. 이렇게 볼 때 사람에게는 원하는 것이 있고 바라는 것이 있지만, 원하고 바란다 하여 다 이룰 수는 없음을 알 수 있다.

"주周나라에 여덟 선비[52]가 있었다"[《논어》〈미자微子〉]는 것은 바로 선한 사람이 많았다는 것을 기록한 것이다.

중이重耳는 순하기는 해도 곧지 못했고, 소백小白[53]은 곧기는 해도 순하지 못했다.

노魯나라 정치의 폐단은 법을 다스리는 사람이 그 직책을 맡을 만한 사람이 아니라는 것이었다. 제齊나라에서는 관중管仲이 법까지 파괴해버렸다. 그러므로 [공자는] 두 번 변해야 도에 이를 수 있다[고 말씀하셨다].[54]

맹자는 지혜와 어진 사람의 관계에도 명이 있다고 보았다. 안영晏嬰[55] 같은 이도 지혜롭기는 했으나 공자보다는 못했으니, 이 또한 천명이 아니겠는가?

기둥에 산을 조각하고 대들보에 수초水草를 그려 거북이 사는 집을 만드는 것이나, 원거爰居[56]의 제사를 지내는 것은 모두 지혜롭지 못한 일로 여기는 것이 당연하다.[57]

[자산子産[58]은] 백성을 부림에 있어 의로웠으니, 백성을 가르치지는 않아도 해롭게 하지 않았다. [자산은] 어머니가 사랑하듯이 백성을 사랑했으나, 의로써 백성을 부리는 데 방해가 되지 않았다. 그러나 예악을 진흥시키지 못한 것은 자산의 잘못이로다.

[친구를 사귐에 있어] 맹헌자孟獻子[59]는 자신의 부유함을 마음에 두지 않았으며, 그의 다섯 친구 또한 맹헌자의 부유

함을 생각하지 않았다. 다른 사람의 부유함을 빌려 자신의 이익으로 삼지 않아야만 비로소 다른 사람의 부유한 세력을 잊을 수 있다. 만약 그 다섯 친구가 맹헌자의 부유한 세력에 마음을 두었다면 오히려 맹헌자에게 천대받았을 것이다.

전유田臾는 동몽東蒙[60]의 제사를 맡은 데다 이미 노나라의 땅이므로 노나라에 속한다. 그러므로 비록 노나라의 신하가 아닐지라도 우리의 사직을 섬기는 신하이다.[61]

11. 삼십三十편

[공자가] 30세에 예를 그릇으로 삼았다고 한 것은 억지로 세운 것이 아님을 말한다. 40세에는 의를 정밀히 하고, 쓰임을 지극히 하고, 때에 맞게 행동하고, 미혹됨이 없었다. 50세에는 이치를 궁구하고 본성을 극진히 하여 천명에까지 이르렀다. 그러나 스스로 '이르렀다'는 말을 하지 못하여 다만 '알았다'고 했다. 60세에는 사람과 만물의 본성을 극진히 하여 소리만 듣고도 마음이 통했다. 70세에는 하늘과 덕을 같이하여 생각지 않고 힘쓰지 않아도 저절로 법도에 들어맞는 경지에 이르렀다.[62]

일반인들은 날로 학문을 더해도 스스로 알지는 못한다. 그러나 공자는 학문에 있어 배우고 행하고 익히고 살피는 것이 일반인과는 달랐다. 그러므로 15세부터 70세에 이르기까지 [거듭] 변화하며 재단할 줄 알았으니, 덕의 나아감에 있어 참으로 풍성하신 분이다.

[공자는] 이치를 궁구하고 본성을 극진히 한 뒤에야 천명에 이르렀다. 사람과 만물의 본성을 극진히 한 뒤에야 귀에 거슬리는 것 없이 천지와 더불어 참여하게 되었다. 그리고 뜻[意]·기필함[必]·고집함[固]·아집[我]이 없어진 뒤에야 귀에 거슬리는 것 없이 천지의 조화를 자신의 범위 안에 둘 수 있었고, 하고자 하는 대로 해도 법도를 넘어서지 않았으며, 늙어서 죽음을 편안하게 여긴 뒤에야 주공의 꿈을 꾸지 않게 되었다.

마음을 따르는 데는 꿈만 한 것이 없다. [공자가] 꿈에 주공을 본 것은 뜻이 있어서이다. 더 이상 [주공의] 꿈을 꾸지 않은 것은 [공자가] 하고자 하는 것이 법도를 넘어서지 않게 되었기 때문이다. [이는] 바깥의 것을 원하지 않는 것이며, [천명에] 지극히 순응하는 것이며, 또한 늙어서 죽음을 편안히 여기는 것이다. 그러므로 [공자는] "나의 노쇠함이 오래되었도다"[《논어》〈술이述而〉]라고 했다.

곤란한 일을 당하고도 변화할 줄 모르면 가장 격이 낮은 사람이다. 곤란한 일을 만나지 않고도 깨친다면 현명한 사람이다. 곤란함이 사람을 진보시켜 덕을 분별하게 하고 빠르게 감화하게 한다. 맹자는 "사람에게 덕과 지혜와 기술과 지식이 있는 것은 바로 재난과 환란이 있기 때문이다"라고 했다. 예로부터 내적으로 곤란을 당한 사람으로는 순임금만 한 이가 없고, 외적으로 곤란을 당한 사람으로는 공자만 한 이가 없다. 공자 같은 성인도 곤란을 당해서는 아래서부터 배웠다. 그가 어려움을 무릅쓰고 뜻을 바로잡아 성스러운 덕이 날로 더해졌으니, [그 가운데에는] 사람들은 알지 못하나 하늘만이 아는 것이 있음에 틀림없었다. 그러므로 [공자는] "아무도 나를 알아주지 않는구나!"[《논어》〈헌문〉], "나를 알아주는 이는 오직 하늘뿐일 것이다"[《논어》〈헌문〉]라고 했다.

"세우면 서고, 이끌면 따르고, 편안하게 하면 모여들고, 움직이게 하면 화합한다"[《논어》〈자장〉]는 것은 하고자 하는 대로 이루어지고, 바람에 따라 움직이듯 신비롭고 조화로운 경지를 말한다.

공자는 주나라에서 태어나 주나라 예법을 따랐다. 그러므로 주공의 예법이 무너지자 자나 깨나 주나라 부흥의 뜻을 잊지 않았다. 만약 [공자가] 주나라를 이어받아 왕이 되었다면 [예법의] 덜고 보태야 할 바를 알았을 것이다.

흘러가기만 하고 돌아올 줄 모르는 것은 천하의 이치가 그러하기 때문이니 어떻게 그것을 바꿀 수 있겠는가? 공자는 "천하에 도가 있으면 나는 참여하여 바꿀 생각은 하지 않을 것이다"[《논어》〈미자〉]라고 했다. 천하에 도가 없음을 알아도 숨지 않는 것은 도가 사람을 멀리하지 않기 때문이다. 또한 성인의 어진 마음으로는 도가 없다 하여 천하를 버릴 수 없기 때문이다.

어진 사람은 일을 먼저 한 뒤 이득을 취하며, 어려운 일을 먼저 한 뒤 이득을 취한다. 그러므로 군자는 일을 하면 녹봉을 받지만, 일을 하지 않으면 "비록 곡식이 있다 하더라도 내가 어찌 그것을 먹을 수 있겠는가"[《논어》〈안연〉]라고 했다. 공자는 젊었을 적에는 나라 사람들에게 잘 알려져 있지 않았다. [젊었을 적에] 공자는 위리委吏와 승전乘田63의 직무를 맡아 하면서 녹봉을 받았다. 그러나 덕이 갖추어지고 도가 존귀해진 뒤에는 어느 나라에 가든지 반드시 정치에 참여했다. 빈궁한 삶을 계속 살려고 해도 그렇게 할 수가 없었다. [공자가] "지금 나를 부르는 자가 어찌 헛되이 그러겠는가?" [《논어》〈양화陽貨〉]라고 한 것은, 일을 할 수 있는 기회를 거의 얻게 되었는데도 그것을 끊어버린다면 이는 진실로 한곳에만 매달려 있는 '박'과 '오이'처럼 먹을 수 없는 존재에 불과하다는 뜻이다.

[형식이] 갖추어지기를 기다리지 않고도 예악에 힘쓰는 것은 앞 세대 사람들의 예악이고, 갖춘 뒤에 예악에 이르는 것은 후세대 사람들의 예악이다. 공자는 가난하고 신분이 비천했으므로, 형식이 갖추어지기를 기다린 후에야 나아갔더라면 필시 예악을 끝내 행할 수 없었을 것이다. [공자는] 스스로 야인野人이라고 하면서도 반드시 [예악을] 행했으니, 이

것이 이른바 "군자는 현재의 위치에 따라 행하고 그 밖의 것을 원하지 않는다"[《중용》]는 것이다.

공功과 업業이 활용되지 못하면 다른 사람들에게 보이는 것은 다만 재주일 뿐이다.

봉황이 날아오고 [강에서] 그림이 나오는 것은 모두 문명의 좋은 징조이며, 또한 복희, 순임금, 문왕의 상서로움이다. 그런데 이러한 일들이 일어나지 않으면 공자의 문장도 그치게 됨을 알 수 있다.[64]

노나라에서 예문禮文이 빠진 것을 공자가 바로잡지 않았으니, 이것은 말[馬]을 가진 사람이 다른 사람에게 [자신의 말을] 빌려주어 연습시키지 않는 것과도 같다. [공자는 《논어》에서] '예문'에 대해서는 말하지 않고 다만 '역사'에 빠진 글이 있다고 했는데,[65] 이것은 [신명神明에 고하는 일을 맡은] 축사祝史라는 벼슬아치의 책임이 다만 의장기수儀章器數[66]에 있을 뿐이므로 가까운 것을 들어서 간략하게 말한 것이다.

[노나라의 악사장] 지摯가 처음 연주할 때, 그 음악은 절차를 잃고 다만 넘쳐나듯 웅장하게 귀를 울릴 뿐이었다. 공자가 위衛나라에서 노나라로 돌아와 음악을 다스린 후에는 악공들이 바른 음악이 무엇인지를 알게 되었다. [공자는] 노나라가 갈수록 쇠약해지고 세 집안[67]이 참람하고 망령된 일을 저지르는 탓에 악사장인 지 이하 [악공들] 모두가 사방으로 흩어져 강을 넘고 바다를 건너갔음을 알고 이러한 혼란을 제

거했다. 성인이 잠깐 도운 공덕과 교화가 이와 같으니, "나를 1년만 써보면 가히 알 수 있을 것이다"[《논어》〈태백〉]라고 한 것이 어찌 헛된 말이겠는가!

'여여여與與如'란 임금이 조정에 계시든 사당에 계시든 간에 [공자가] 얼굴을 임금에게 향하는 것을 잊지 않는다는 뜻이다. 임금이 불러서 국빈을 접대하게 하면 종종걸음으로 다니며 임금을 보좌했다. 층계를 다 내려서서는 빨리 나아가되 날개를 편 듯이 했다. "손님이 뒤돌아보지 않는다"고 하는 것은 임금을 도와 손님을 전송하고 나서 "손님이 뒤돌아보지 않고 떠나갔다"고 아뢰는 것이다. 이것은 곧 임금의 조심하는 마음을 풀어주는 것이다. "[임금이 계신] 당堂에 올라갈 때는 읍揖하듯 한다"는 것은 자세를 공손히 하는 것이요, "당에서 내려올 때는 마치 어떤 것을 주는 것처럼 한다"는 것은 그 용모를 편안히 하는 것을 말한다.[68]

염자冉子가 곡식을 청했을 때, 그리고 원사原思가 [공자의] 비서장이 되었을 때 [공자가 녹봉을 준 것을 살펴보면] 공자가 재물을 사용한 [방법을] 알 수 있다.[69]

성인[공자]은 다른 사람을 제멋대로 대하지 않았다. 필힐佛[70]과 남자南子[71] 같은 사람이라 할지라도 진실로 이러한 마음으로 대해야 하고, 또한 그러한 사람을 가르치는 [책임은] 자신에게 있다고 여겼다. 그러므로 [공자는 필힐과 남자 같은 사람에게도] 그다지 심하게 대하지 않았다.

공자는 구이九夷[72]의 땅에 가서 살고자 했다. 중국에서는 [때를] 만나지 못했으나, 혹시 구이에서 때를 만날 수 있을까 해서였다. [이것으로] 당시 중국이 누추했음을 알 수 있다. [공자가] 구이에 가서 살고 싶다고 했는데, 말[言]이 충성스럽고 신실하며 행동이 독실하고 공경스러우면 비록 야만족의 나라일지라도 [도를] 행할 수 있으니, 어찌 [오랑캐의 나라라고 해서] 더러운 것이 있을 수 있겠는가?

'서서栖栖'란 임금을 사모하여 잊지 못한다는 뜻이요, '고固'란 한길로만 가 돌이키지 못하는 것을 말한다.[73]

공자는 다른 사람이 묻는 말에 응답하실 때 [비록 그 사람이 어리석다 할지라도] 앞뒤 사정을 잘 헤아려 성심껏 가르쳐주었으며, 반드시 그 사람의 [경우에] 맞게 하여 말했다. 성인의 말씀에서 귀중한 바는 경우에 맞게 말할 줄을 안다는 것이다.

[공자는] "부유함을 구하여 얻을 수만 있다면 나는 채찍을 잡는 마부 노릇이라도 하겠다"[《논어》〈술이述而〉]고 했다. 이것은 부유해지기 위해서는 비천한 것도 꺼리지 않는다는 말이다. 구하는 데도 가히 이룰 만한 도리가 있고 얻는 것에도 곧 명이 있으니, 구하는 것은 얻는 일에 별다른 도움을 주지 못한다.

[공자는] 사람을 덕으로 사랑하고 의리를 깨닫게 해주는 일이 많았고 이익에 대해서 말하는 일은 드물었다. 본성을

극진히 해야만 명에 이를 수 있다. 명에 이르지 못하는 사람에게는 가르쳐주어도 아무런 유익함이 없다. 그러므로 [공자는] 명에 대해 자주 말하지 않았다. 인[의 경지]는 워낙 커서 이름을 붙이기 어려우며, 또 사람이 거기에 도달할 수 없기 때문에 인에 대해 말하는 일도 드물었다.

안회는 천하에 선하지 않은 것이 있으면 반드시 이를 알아차렸고, 알면 [같은 잘못을] 반복하지 않았다. 그러므로 다른 사람이 성나게 한 일은 자신은 하지 않았고, 자신에게 부끄러운 점이 있으면 두 번 다시 거듭하지 않았다.

안회의 무리는 숨어 있어서 아직 드러나지 않았고, 또 행해도 아직 이루지 못한 경우다. 그러므로 [공자는] "내가 그 사람 얘기를 들었으나 그 사람을 보지는 못했다"[《논어》〈계씨 季氏〉]고 했다.

[공자는] "등용되면 도를 행하고 버려지면 숨는 태도는 오직 나와 너[안회]만이 가졌다!"[《논어》〈술이〉]고 했다. 안회는 '용龍의 덕'을 갖고 있으면서도 숨어 살았다. 숨어 살아 다른 사람이 알아주지 않아도 후회하지 않았으니, 이러한 점이 바로 성인과 같다.

'용의 덕'이란 성인의 수양이 지극한 것이다. 안회는 전진하여 아주 짧은 시간에 이러한 경지에 이르려고 했으니, 배우기를 좋아했다고 할 수 있다.

[공자는] "안회는 [질문을 통하여] 나를 도와주는 자가 아

니다"[《논어》〈선진先進〉]라고 했다. 이것은 [안회가 공자의 말씀을 들을 때] 의심하여 질문하는 일이 없었다는 말이다. 즉, 질문을 받으면 그것을 통해 스스로 생각하는 것이 있어서 옳고 그름을 깨닫게 된다는 뜻이다.

[공자는] "정鄭나라 음악을 물리치고 간사한 사람을 멀리하라"[《논어》〈위령공〉]고 했다. 또 안회가 나라를 맡아 다스린다면 예악과 법도는 더 이상 가르칠 필요가 없고, 오직 [하夏, 은殷, 주周] 삼대[의 제도 중]에서 빼거나 보태야 할 것만 일러주면 될 것이라고 했다. 법도가 서서 능히 지켜지면 덕이 오래갈 수 있고 업業이 커질 수 있다. 정나라 음악과 간사한 사람은 나라를 맡아 다스리는 자로 하여금 그 지킬 바를 잊어버리게 한다. 그러므로 [공자는 이러한 것들을] 물리치고 멀리한 것이다.

"천하에 도가 있으면 나가고 도가 없으면 숨는다"[《논어》〈태백〉]. 그러나 "군자는 세상을 떠난 뒤에 자신의 이름이 일컬어지지 못할까 봐 걱정한다"[《논어》〈위령공〉]. "선비로서 편안함만을 생각한다면 선비라 하지 못할 것이다"[《논어》〈헌문〉]. 반드시 무도無道함을 버리고 도가 있는 곳으로 나아가야 한다. [나라에] 도가 행해질 때도 가난하고 비천하게 살면 군자는 이를 부끄러워한다. 천하에 도가 없으면 군자는 곤궁하게 살고 홀로 선을 행하며 다른 사람이 알아주지 않더라도 후회하지 않는다. 《중용》에서는 "오직 성인만이 이러한 일을 할 수 있다"고 했으며, 공자는 단지 안회만을 허락하여 "오직 나와 너만이 그러하구나"[《논어》〈술이〉]라고 했다.

중유仲由[74]는 착한 일을 즐겨 했다. 그러므로 [자신의] 수레, 말, 옷, 갖옷을 어진 사람들과 함께 쓰는 것을 좋아했다. 안회는 발전하기를 좋아했다. [자신의] 선한 것을 자랑하지 않았으며, [자신이] 괴로워하는 것을 다른 사람들에게 강요하지 않았다. 성인[공자]은 하늘[이치]을 즐거워했다. 그러므로 안과 밖을 합해 인을 이루었다.

자로子路는 예악과 문장이 아직 정치의 도에 이르지 못했으나 약속을 중히 여겨 [그의] 말이 대중의 신뢰를 얻었다. 그러므로 "한마디 말로써 재판을 판결할 수 있었다"[《논어》〈안연〉].《주역》에서 "재판의 판결을 내리는 데 이롭다", "사람에게 형벌을 쓰는 데 이롭다"고 한 것은 모두 효爻나 괘卦의 성대한 덕이 아니라 [말이] 다만 이러한 일을 하는 데 알맞다는 것일 뿐이다.

안회는 스승을 따라 공자의 문하에서 덕을 닦았다. 맹자는 세상에서 뛰어난 자로서 전국戰國 시대에 덕업을 닦았다. 그러므로 숨고 나타남에 있어서 [공자나 안회와는] 달랐다.

얼룩소 새끼는, 비록 완전히 순수하지는 않더라도 빛깔이 붉고 뿔만 돋았으면 큰 제사에는 쓰이지 못해도 그다음가는 제사나 작은 제사에는 반드시 쓰이게 된다. 말하자면 큰줄기만 서면 사람들이 버리지 않는다는 뜻이다.

12. 유덕有德편

"덕이 있는 이에게는 반드시 [그에 상응하는] 말이 있다" [《논어》〈헌문〉]는 것은 능히 말이 있어야 한다는 뜻이며, "인에 뜻을 두면 악함이 없을 것이다"[《논어》〈이인里仁〉]라는 것은 악함이 능히 없어야 한다는 뜻이다.

행실이 닦이고 말이 도에 합치되면 마땅히 다른 사람들이 취할 만한 것이 있게 된다. 사물을 좇아 억지로 [가르침을] 베풀어 남에게 취해지도록 힘쓰지 말아야 한다. 그러므로 [선생이 제자에게 직접] 가서 가르치고 망령되이 말하는 것은 모두 사람을 가르치는 데 폐단이 된다.

"[대인은] 말로써 믿음을 기약하지 않고, 행함에 결과를 기약하지 않는다. [오직 의가 있는 곳에서 행동한다]"[《맹자》〈이루하〉]는 것은 뜻이 바르고 심원하여 소인의 믿음 따위와는 차원이 다름을 말하는 것이다.

말이란 뜻만 통하면 된다. [말이] 많으면 오히려 해로울 것이다.

[유자有子75에 따르면] 군자는 말을 돌아보지 않을지언정 의에 어긋난 언약에 구애받지 않고, 자신이 곤욕을 당할지언정 예가 아닌 공경을 취하지 않으며, 고립되어 도움을 받지 못할지언정 천한 사람들과의 친교를 잃지 않는다고 한다. 조화를 알고 나면 이 세 가지를 예로써 적절히 조절할 수 있다.

위의 유자의 말과 문장이 서로 이어지면서 그 뜻이 서로 다르지 않은 것은, 무릇 《논어》나 《맹자》에서 앞의 글을 밝힐 때 뜻이 각각 미진한 경우는 [서로] 끌어다 붙이는데 다른 것도 모두 이러한 예를 본받는다.

덕은 천하의 선을 주된 것으로 삼는다. 선은 천하의 단 한 가지[이치]에 기원을 두고 있다. 선은 모두 다스림과 하나이므로 임금의 마음은 하나다. 말은 반드시 덕을 주로 하므로 임금의 말은 위대하다.

말에는 가르침이 있고 행동에는 법도가 있다. 낮에는 하는 일이 있고 밤에는 얻는 것이 있다. 한 번 숨을 쉴 동안에도 양생하는 바가 있고, 한 번 눈을 깜박일 동안에도 [착한 마음을] 보존함이 있다.

군자는 백성을 잘 인도하여 덕을 닦게 하고 잘못된 행위를 금지시켜야 한다. [이것은] 어리석은 자에게서는 크게 바랄 게 없기 때문인가? 《예기》에서 "말로써 백성을 인도하고 행동으로써 백성을 금지시킨다"고 한 것은 곧 이를 두고 한 말이다.

아무런 증거 없이 말하면 불신을 사게 되어, 간사하고 허망한 길을 열어주게 된다. [공자는] 기杞나라와 송宋나라[의 예법]에 대해서는 증거가 부족하므로 말하지 않겠다고 했으나, 주나라의 경우는 증거가 충분하므로 [주나라의 예법을] 따르겠다고 했다. 그러므로 군자는 증거가 없고 믿을 수 없는 것에 대해서는 말하지 않는다.

편벽便辟은 지나치게 공손한 것이요, 선유善柔는 얼굴빛을 꾸며서 좋게 만드는 것이요, 편녕便佞은 말을 교묘하게 하는 것이다.

예악을 적절히 조절한다는 것은 [예와 악이] 서로 모자라지도 지나치지도 않게 하는 것이다. [이렇게 하면] 한 번 나아가고 한 번 물러남으로써 훌륭한 태도를 삼을 수 있다.

교락驕樂은 분수에 지나친 사치이며, 연락宴樂은 아무것도 하지 않고 편안히 지내는 것이다.

말이 드러나면 점괘는 울리는 소리와 같이 분명해진다. 이로써 우리는 막히고 굳어버린 사심은 조용히 성性과 천도로 이어질 수 없음을 알 수 있다.

사람의 도리에서 먼저 하고 뒤에 할 것을 알면 곧 공손하면서도 힘들지 않고, 삼가면서도 겁내지 않고, 용감하면서도 문란하지 않고, 강직하면서도 박절하지 않으니 백성들이 감화받아 온후하게 된다.

피부에 와닿는 것은 양이고 그것이 행해지는 것은 음이다. 형상이 생기면 법칙은 반드시 효력을 나타낸다. 그런데 군자는 강剛한 것을 중히 여긴다.

[자신의] 죄를 [다른 사람에게] 돌리는 것을 '허물'이라 하고, 자기 스스로에게 죄를 돌리는 것을 '뉘우침'이라 한다. '말에 허물이 적다'는 것은 말로 인해 다른 사람에게 죄를 짓

지 않는다는 뜻이다.

"내가 하고 싶지 않은 것을 다른 사람에게 시키지 마라"
[《논어》〈안연〉]는 것은, 자기 자신을 잣대로 삼아 다른 사람에
게 어질게 하라는 것이다. "나라에서나 집에서나 원망이 없
다"[《논어》〈안연〉]는 것은, 나는 내가 하고 싶지 않은 것을 다
른 사람에게 시키지 않을지라도 다른 사람이 자신에게 [이
러한 일을] 시켰을 때 원망하지 않는다는 것이다.

"공경하며 과실이 없다"[《논어》〈안연〉]는 것은 다른 사람과
접촉할 때의 합당한 태도를 말하는 것이요, "공손하며 예의
가 있다"[《논어》〈안연〉]는 것은 예에 어긋난 공손함을 행하지
않는다는 뜻이다.

온갖 순응하는 것을 모아서 임금과 부모를 섬겨야 한다.
그래서 "효는 순종하는 것이다"[《예기》〈제통祭統〉]라고 했고,
또 "임금을 순종하는 것은 곧 임금을 좋아하는 것이다"[《맹
자》〈양혜왕하梁惠王下〉]라고 했다.

부모를 섬길 때는 [부모의] 의향을 앞세우고 그 뜻을 받들
어야 한다. 그러므로 [부모의] 뜻과 의향의 차이를 분별할 줄
알아야만 다른 사람을 가르칠 수 있다.

예藝란 매일매일 행하는 구체적 활동이다. 우리는 그것을
거치면서도 가지지는 않고, 지나가면서도 보존해두지는 않
는다. 그러므로 다만 "[예에서] 노닐지라"[《논어》〈술이〉]라고
했다.

천하에 도가 있으면 도가 내 몸을 따라 나오고, 천하에 도가 없으면 내 몸이 도를 따라 굽어진다.

"땅을 편안히 여긴다"[《주역》〈계사상〉]는 것은 그 거처[의 좋고 나쁨]를 생각지 않는 것이다. 옮길 만한 이유가 있는데도 옮기기를 싫어한다든지, 마땅히 옮길 만한 이유가 없는데도 옮기기를 좋아하는 것은 모두 그 거처[의 좋고 나쁨]를 생각하는 것이다.

"늙어서도 죽지 않는 것은 해롭다"[《논어》〈헌문〉]. 어려서 가르침을 따르지 않고, 장성해서 해놓은 일이 없으며, 늙어서 죽음을 편안히 여기지 못하는 것, 이 세 가지는 모두 삶을 해롭게 하는 것이다.

교락을 즐기면 욕심 때문에 방종하게 되고, 연락을 즐기면 의리로 옮겨가지 못한다.

"외람되지도 않고 해롭지도 않다"[《시경》〈대아〉]는 것은 해치지도 않고 탐내지도 않는 것을 두고 한 말이다.

좀도둑질을 하지 않는 것도 의이며, 자기 것이 아닌 것을 몰래 취하는 것을 보고 도둑이라 말하는 것도 의이다. 측은히 여기는 마음도 인이며, 하늘처럼 행하는 것도 인이다. 그러므로 이러한 원리를 넓히면 이루 다 쓸 수 없을 것이다.

자신을 다른 사람보다 박하게 대접하는 것도 사심이며, 다른 사람보다 후하게 대접하는 것도 사심이다. 자신의 재주와 등급에 따라서 [알맞게] 대접하여, 교만하거나 인색한 폐단이 없어야만 [공정한 마음을] 얻을 수 있다.

자기 자신에게 죄를 돌리면 허물이 없다.

곤욕을 당하는 것 자체가 근심이 되는 것이 아니라, 곤욕을 끊임없이 자각하며 스스로 못 견뎌하는 것이 근심이 된다. 영리榮利가 즐거움이 되는 것이 아니라, 영리를 잊고 지내는 것이 즐거움이 된다.

"용감한 자는 겁이 없다"[《논어》〈자한〉]고 했는데, 죽음도 피하지 않는 용기를 가졌으면서도 오히려 가난을 견디지 못한다면 그 용맹을 어디에다 쓸 것인가? 이것은 조금도 칭찬할 바가 못 된다. '어진 자는 사람을 사랑하는 자'이니, 만약 그가 어질지 못한 이를 너무 심하게 미워한다면 그 어짊을 칭찬할 수 없게 된다. 이는 모두 제대로 알지 못하고 그릇되고 생각이 모자라기 때문이니, 공자는 이러한 것들을 일컬어 '난亂'이라고 했다.

다른 사람을 배척하면 그 사람 또한 [나를] 배척하게 되고, 다른 사람을 업신여기면 그 사람 또한 [나를] 업신여기게 된다. 자신에게서 나온 것이 자신에게 되돌아가는 것도 이치이며, 형세를 되돌릴 수 없는 것 또한 이치이다.

자기 자신을 극복하고 법대로 행하면 현자가 된다. 자기 자신을 즐겁게 하여 [다른 사람이] 본받을 만하면 성인이 된다. 성인과 현자는 행적은 서로 비슷하나 마음이 이른 경지에는 차이가 있다. [혼란한] 세상을 피하는 자는 중용의 도에 의거하여 죽을 때까지 때를 만나지 못해도 싫어하지 않고, [혼란한] 땅을 피하는 자는 [거처의 좋고 나쁨에] 연연하여 인을 해치지 않으며, 여색을 피하는 자는 장차 수치스러운 일이 드러나는 상황에 처할 까닭이 없고, 말을 피하는 자는 재앙과 치욕의 피해를 면하게 된다. 이것이 선비[가 되는 조건]이다. 다만 맑고 탁하고, 늦고 빠른 것이 다를 뿐이다. 세상을 피하고 땅을 피한다는 점에서는 성인도 같다. 그러나 [마음] 속으로 근심하고 즐거워한다는 점에서 [성인은] 현자나 그 다음가는 자와는 다르다. 그래서 "행적은 서로 비슷해도 마음이 도달한 경지는 서로 다르다"[《논어》〈헌문〉]고 한 것이다.

"어진 사람을 [임금을 섬기는 데] 나아가게 할 때는 마지 못 해 하는 일인 듯이 해야 한다. [그랬다가] 장차 낮은 지위에 있는 사람을 높은 지위로 끌어올리고, 소원하게 지냈던 사람을 가까운 사람보다 앞에 둔다"[《맹자》〈양혜왕하〉]는 말은 《예기》에 나오는 "임금을 섬기는 데 나아가는 것을 어렵게 하고 물러나는 것을 쉽게 하면 곧 지위의 질서가 잡히고, 반대로 나아가는 것을 쉽게 하고 물러나는 것을 어렵게 하면 [지위의 질서가] 문란해진다"는 말과 서로 표리를 이룬다.

활은 줄을 고른 뒤에야 굳세지고, 말은 훈련된 뒤에야 잘 달릴 수 있게 되며, 선비는 반드시 성실한 뒤에야 지혜롭고 능하게 된다. 성실하지 못하고 재능만 많으면 승냥이나 이리 같아서 가까이할 만한 사람이 못 된다.

곡신[76]은 소리를 본떠서 응하는 것이며, 율려律呂[77]의 변화로 가르쳐줄 수 있는 것이 아니다. 점을 칠 때 말로 물으면 그에 [상응하는] 사물로 답이 제시되는 것과 같다.《주역》에서 "같은 소리가 서로 응한다"고 한 것이 바로 이것을 이르는 말이다. 왕필王弼이 "여呂를 명령하는 것이 율律인데 소리의 변화를 말하는 것이다"[《주역약례周易略例》〈명효통변明爻通變〉]라고 한 것은 이것을 의미하는 말이 아니다.

"행할 것을 미리 정하면 아무런 탈이 없다"[《중용》]고 했으니, 곧 광명하다는 말이다. 대인은 호랑이 가죽의 무늬와 같이 확연히 면목을 일신하니[虎變] 대체 무슨 탈이 있겠는가?

말에 조리가 있고 일을 순리적으로 처리하면 이름이 바르게 되고 그 말이 사람들에게 쉽게 이해되며 또한 사람들이 쉽게 따르게 된다. 성인은 정치의 어려움을 걱정하지 않고, 오직 백성을 깨우치는 일의 어려움만을 염려한다.

13. 유사有司편

유사[78]는 정치의 기강이다. 처음 정치를 하는 자는 [유사의] 어질고 어질지 않음을 논할 틈이 없다. 반드시 먼저 [유사를] 바로잡은 뒤에 어질고 재능 있는 이를 찾아서 등용해야 한다.

덕으로써 정치를 하지 않으면 사람들이 따르지 않을 것이며, 힘들기만 할 것이다.

"진실로 그대가 탐욕스럽지 않으면, 설사 상을 준다 해도 백성들이 도둑질을 하지 않을 것이다"[《논어》〈안연〉]. 탐욕은 부족한 데서 생기므로, 백성이 도둑질을 할 경우에 [그들이] 욕심을 부리지 않을 수 있도록 해주면 곧 도둑질을 그치게 될 것이다. 예를 들어 그대가 탐내지 않는 것을 [누군가] 상을 줄 테니 훔치라고 한다면, 그대는 필시 훔치지 않을 것이다. 그러므로 정치가 하는 일은 바로 백성을 풍족하게 해주는 것이다. [백성들에게] 부족한 것이 없게 해준다면 욕심낼 만한 것이 없게 되어, 도둑질은 반드시 사라질 것이다.

정치를 할 때는 반드시 스스로 앞장서고 수고를 아끼지 말아야 한다. 또한 게으르지도 않아야 한다.

"천자는 성토만 하고 정벌하지 않으며, 제후는 정벌만 하고 성토하지 않는다"[《맹자》〈고자하告子下〉]. 그러므로 탕왕과 무왕의 일이라 하더라도 성토라 하지 않고 정벌이라 했던 것이다. 진항陳恒이 임금을 죽이자 공자가 이를 성토할 것을 요청했다. 주나라 제도에 따르면, 이웃 나라에 임금을 죽인 역적이 있을 때 제후는 [천자에게] 요청하지 않고도 당연히 그를 성토할 수 있기 때문이다. 또한 맹자는 "정벌은 위[곧 천자]가 아래[곧 제후]를 치는 것이니 대등한 국가끼리는 서로 정벌하지 못한다"[《맹자》〈진심하〉]고 했다. 그러나 [은나라의]

탕왕이 열한 번이나 정벌하고도 부월鈇鉞[79]을 받은 적이 없었던 것으로 미루어볼 때 정벌이니 성토니 하는 말은 주나라에 와서 비로소 정립된 것임을 알 수 있다.

"들[野]은 9분의 1로 하여 조세한다"[《맹자》〈등문공상滕文公上〉]는 것은 바로 '수도 밖[郊外]'의 땅에 대한 조세법이다. "국중國中에는 10분의 1로 하여 스스로 납부하게 한다"[《맹자》〈등문공상〉]고 했는데, 국중이란 외성의 안쪽 마을을 통틀어 말하는 것이다. 밭은 정전井田[80]을 하지 않고, [다만 밭도랑만 헤아려] 10분의 1을 스스로 납부하게 한다.

[공자는] 천승千乘의 나라를 다스리는 것과 관련하여 예禮, 악樂, 형刑, 정政은 언급하지 않고, 다만 "쓰임새를 적당히 하고 사람을 사랑하며 백성을 부리기를 때에 맞추어 하라"[《논어》〈학이學而〉]고 했다. 이와 같이 하면 법이 행해지고, 이와 같이 하지 않으면 법이 행해지지 않으며, 예, 악, 형, 정 또한 제도에 불과하다는 말이다.

부유하나 다스려지지 않는 것은, 가난하나 다스려지는 것보다 못하다. 크지만 살피지 못하는 것은, 작지만 잘 살피는 것보다 못하다.

보답하는 것은 천하에 이로운 일이나 덕을 따를 때에만 이룰 수 있다. 선한 일은 힘써 행하고 선하지 않은 일은 하지 않는 것이 모두 천하에 이로운 일이다. 소인이 사욕을 가지고 일을 하면 다스림에 이롭지 못하고, 군자가 공명정대하게 만물을 대하면 다스림에 이롭다.

14. 대역大易편

대역은 있고 없음을 말하지 않는다. 있고 없음을 말하는 것은 제자諸子의 잘못이다.[81]

역易은 하늘과 땅, 음과 양, 참과 거짓을 말하는데 지극히 은미하고 심오하여 싫어할 수 없다. 여러 학자들의 말[言]이 마치 말[馬]을 달리듯 [화려하여] 말만으로 높고 깊고자 하지만, 덕을 아는 사람은 말을 싫어한다. 그러므로 말하기가 어려운 것이 아니라, 군자로 하여금 말을 즐겨 듣도록 하는 것이 귀중하다.

역은 한 가지 사물이면서 세 가지 재才를 갖고 있다. 음양은 기이므로 그것을 일러 천天이라 하고, 강유剛柔는 질質이므로 그것을 일러 지地라 하고, 인의는 덕이므로 그것을 일러 인人이라 한다.

역은 군자가 꾀하는 것이지 소인이 꾀할 바가 아니다. 그러므로 괘에서 덕을 깊이 연주할 때는, 비록 효爻에 작고 큰 것이 있지만, 반드시 군자의 의리로 효에 대한 설명을 깨우쳤다.

하나의 사물이면서 두 몸체를 가진 것은 태극을 말하는 것인가? 음양은 천도로서 형상[象]을 이루는 것이며, 강유는 지도地道로서 법을 본받는 것이며, 인의는 인도人道로서 본성을 세우는 것이다. [천, 지, 인] 삼재三才를 둘로 하면 건과 곤의 도가 된다.

음양, 강유, 인의의 근본이 세워진 후에야 때에 따르고 변화에 응할 수 있다. 그러므로 건곤이 무너지면 역의 이치를 알 수 없다.

육효六爻가 저마다 이로움을 다하여 움직이는 것은, 음양, 강유, 인의, 성명性命의 이치에 순응하는 까닭이다. 그래서 "육효가 움직이는 것은 삼극三極의 도이다"[《주역》〈계사상〉]라고 했다.

양이 모든 음을 두루 통괄하고, 모든 음이 함께 하나의 양을 섬기는 것이 이치이다. 그러므로 두 임금이 한 백성을 거느리고, 한 백성이 두 임금을 섬기는 것은 위아래가 모두 소인의 도이다. 한 임금이 두 백성의 몸체가 되고, 두 백성이 한 임금을 종주로 삼는 것은 위아래가 모두 군자의 도이다.

길흉, 변화, 회린悔吝,82 강유는 '역'의 사상四象이다. 회린은 넉넉함과 부족함에서 생겨나며, [사상] 역시 [넉넉함과 부족함] 둘일 뿐이다.

말을 숭상하면 곧 말이 구차스럽지 않게 되고, 변화를 숭상하면 반드시 움직임이 의리에 적중하게 되며, 상을 숭상하면 반드시 법도가 쓰이게 되고, 점占을 숭상하면 반드시 도모

할 때 다가올 일을 알게 된다. 신神이 하는 바를 아는 이가 아니고서야 누가 이 네 가지 일에 참여할 수 있겠는가?

역은 천하에 지극히 정밀한 사람이 아니라면 사辭가 천하의 물음에 대응하기 어렵고, [그 이치가] 깊지 않으면 천하의 뜻에 통하지 못한다. 변화에 통하고 수數의 [이치를] 다하지 못하면 글[文]로 사물을 이루지 못하고, 상으로 그릇[器]을 이루지 못하며, 기미를 알아서 힘쓰지 못할 것이다. 두루 알고 아울러 체득하지 못하면 신이 천하의 연고에 통달하지 못하므로, 빨리 하지 않아도 빨리 되고 가지 않아도 이르게 되는 것이 가능할 수 없을 것이다.

사람에게 길흉을 보여주는 것은 도가 드러난 것이고, 다가올 일을 알고 지나간 일을 간직하는 것은 덕행의 신묘함으로서의 점의 쓰임을 말해주는 것이다.

'도를 드러내는 것'은 위태로운 것을 화평하게 하고, 태만한 태도를 바뀌게 하며, 또한 처음부터 끝까지 한결같이 조심하는 것이니, 그 요체는 허물없는 도이다. '덕행을 신묘하게 하는 것'은 고요히 움직이지 않고 만 가지 변화에 감응하여 누가 그렇게 하는지 알지 못한다는 것을 가만히 깨닫는 것이다. 천명을 받음이 마치 울리는 소리와 같으므로 가히 더불어 응대할 수 있다. 귀신의 꾀를 다하므로 가히 신을 도울 수 있다. 사물을 기미보다 앞서 열어주므로 다가올 일을 안다고 한다. 환난을 분명히 깨달아 그 원인을 그치게 하므로 지나간 일을 간직한다고 한다. 지극한 헤아림으로 다가올 일을 안다는 것은 미리 안다는 말이다. 그 변화를 미리 아는 것은 도와 술術이 있어서 가능하다. [이렇게만 된다면] 군자가 백성들에게 행하는 일들이 심원하게 된다.

정결하고 고요하며 정미精微해서 그 행동에 누가 되지 않으며, 만족할 줄을 알아 해롭지 않으면 곧 '역'의 이치에 밝은 것이다.

천하의 이치를 얻은 것이 원元이다. 모여서 통하는 것이 형亨이다. 마음에 즐거운 것이 이利다. 천하의 움직임을 하나로 하는 것이 정貞이다.

건의 '네 가지 덕'[즉 원, 형, 이, 정]이 만물의 처음부터 끝까지 맞아들이고 따르나 그 머리와 꼬리가 보이지 않는다. 그런 후에 근본을 미루어 말하면, 마땅히 만물의 부모가 된다.

단彖은 만물이 처음 생겨나는 것을 설명한다. 그러므로 원을 건에 배속시키지 않을 수 없다. 곤은 건의 짝이다. 그러므로 원을 곤에 붙이지 않을 수 없다.

인은 천하의 선을 통솔하고, 예는 천하의 모임을 아름답게 하며, 의는 천하의 이익을 공평하게 하고, 신信은 천하의 행동을 하나로 한다.

육효를 헤아려봄으로써 저마다 성명이 바르게 된다. 그리하여 건의 덕이 사방으로 통하여 크게 조화로운 기운을 잃지 않으며, 또한 이롭고 정貞하게 된다.

안회는 용龍[건]의 덕을 갖추었으면서 또한 정중正中을 구하려 했는데, 미처 그칠 데를 보지 못했다. 그러므로 중용을 택하여 한 가지라도 선한 것을 얻으면 가슴속에 깊이 잘 간직했으며, 탄식하여 말하기를 "공자님[의 도]는 바라보면 앞에 있는 것 같다가 또한 홀연히 뒤에 있다"[《논어》〈자한〉]라고 했다.

건괘乾卦의 삼효와 사효의 위치를 보면 가운데를 지나 강한 것이 겹쳐 있어 떳떳한 말과 떳떳한 행동을 이루기에 부족하다. 대인 같은 훌륭한 사람에게도 모름지기 불안한 바가 있으니, 밖으로는 변화를 따르고 안으로는 성명을 바로잡아야 한다. 그러므로 덕을 잘 보지 못하는 자는 위태로움과 의심스러움을 제때에 버리지 못해 어렵게 된다. 오효는 덕 있는 사람의 조화이며 하늘의 덕의 자리이며 본성을 이룬 성인이기도 하다. 그러므로 "대인을 보는 것이 이롭다"[《주역》〈건괘구오효사乾卦九五爻辭〉]고 했고, 또 "성인이 일으키니 만물이 모두 드러나게 된다"[《주역》〈건괘문언구오乾卦文言九五〉]고 했다. '너무 높이 올라간 용[亢龍]'을 자리[位]와 획劃으로써 말한 것이다.[83] 성인과 같은 이는 바름을 잃지 않을 것이니, 어찌 지나치게 높은 것이 있겠는가?

성인은 지극한 중中을 사용하므로 힘쓰지 않아도 적중[中]하며, 대大의 지극함이 있으면서도 그 '대'를 행하지 않는다. 대인들은 [성인을] 흠모하여, "걸음이 워낙 빨라 먼지가 조금도 나지 않을 정도로 빨리 달려나간다"[《장자》〈전자방田子方〉], "높고 큼이 지극해 하늘에 닿는다"[《중용》], "[공자 선생은 우리가] 사다리를 가지고도 따라가지 못할 분이다"[《논어》〈자장〉]라고 했다.

[《주역》] 건괘의 오효에서는 "나는 용[飛龍]이 하늘에 있으니 대인을 보면 이롭다"고 했다. 대인이란 곧 하늘의 덕에 자리를 잡고 본성을 이루어 성인[의 경지]에 오른 사람이다. 명命을 받아 처음으로 나타나는 경우에는 [아직] 본성 되는 바가 거기에 존재하지 않는다. 그러므로 "임금의 자리에 있다" 하지 않고 "천덕에 자리를 잡았다"고 하며, "대인이 곧 임금"이라 말하지 않고 "대인이 일어남"이라고 한다.84

떳떳한 말과 행동은 천하의 올바른 덕이며 [모든 것에] 통달하는 도이다. [떳떳한 말과 행동 덕분에] 대인이 덕을 베푸는 것이 넓어지고, 천하의 문명이 드러난다. 그러나 변화의 신神을 궁구해서 때에 맞게 하지 못하면 곧 예 아닌 예, 의 아닌 의에 빠지게 된다. 그래서 안회는 용의 덕을 가지고 정중의 상태를 추구하여 건실하게 덕의 진전을 이루면서 그 지극한 경지에 이르고자 했지만, 자신이 머무를 만한 일정한 처소에서 편안하게 거하지 못했다.

오로지 군자만이 때와 더불어 소멸하고 살아가며, 성명에 순응하고 천덕으로 스스로 나아가 진실로 천덕을 행할 수 있다. [또한 군자는] 의를 정밀하게 하고 때에 맞게 행한다. 그러므로 능히 태화太和를 보존하고 이에 합치되며, 건장하고 이롭고 또한 정하다. 맹자는 "이를 시작하고 끝마치는 것은 성스러운 일과 지혜로운 일에서 집대성된다"고 했다. 그리고 《주역》에서는 "처음과 끝을 크게 밝히면 육효의 자리가 때에 맞추어 이루어져, 때로 여섯 용을 타고 하늘로 올라가기도 한다. '하늘의 도[乾道]'가 변화하는 데 저마다 성명을 바로 하며, 태화太和를 보존하고 이에 합치되면 곧 이롭고 정하리라"고 하는데, 바로 이것을 말하는 것이다.

본성을 이루면 곧 성인[의 경지]에 올라서서 천덕에 자리잡게 된다. 건괘 이효는 바로 내괘內卦의 한가운데에 있기 때문에 임금의 덕을 갖고 있으나 위에서 다스리는 것은 아니다. 오효를 위에서 다스린다는 것은 하늘의 덕과 성인의 본성을 말한다. 그러므로 임금이라 하지 않고 하늘이라 했다. 이것은 이미 대인의 덕성과 지위에 이르렀음을 나타낸다.

커서 쉽고 간단한 이치를 얻고 당연히 천지의 가운데 자리를 잡으며, 때로는 거기 머물면서 명을 받지 않는 것, 이것은 건괘 이효의 성질이다. 변화하여 성인이 되고 나아가 천덕에 자리 잡게 되면 부귀는 말할 것도 못 된다.

"즐거우면 행하고 근심스러우면 그만둔다"[《주역》〈건괘문언초구효사乾卦文言初九爻辭〉]는 것은 내 뜻을 구하는 데 힘쓸 뿐이어서 바깥에서 구하는 바가 없다는 말이다. "세상을 선하게 하고 넓게 교화한다"[《주역》〈건괘문언구이효사乾卦文言九二爻辭〉]

는 것은 용의 덕을 이르는 것이다. 만약 [용의 덕이] 아직 드러나지 않은 채 가라앉아 있다면 자기 자신을 위해 [덕을 쌓을] 따름이니 다른 사람에게까지 미치지는 못한다.

덕을 이루는 것을 행동에 옮겨, 덕이 이루어졌음을 스스로 믿는 경지에 이르게 된다면, 자신이 행하는 바를 날마다 의심 없이 밖으로 드러내도 좋을 것이다.

건괘 삼효에서는 "말을 닦아 성실해지며 [말에 거짓이 없다]"고 한다. 주공처럼 밤을 새며 새벽을 기다리듯 하지 않으면 그 사업을 마치기 어렵다. 사효는 양으로서 음의 자리에 있다. 그러므로 "연못에 있다"고 말한다. 뛰어오를 생각을 잊지 않아야 허물을 면할 수 있다. 사악한 것을 행하지 않으면 의를 다하게 된다.

[하늘은] 지극히 굳건하면서 [그 이치가] 쉽고, [땅은] 지극히 부드러우면서 간단하다. [하늘이] 험하고 [땅이] 막힌 것은 계단을 만들어 올라갈 수도 없고 애를 써도 다다를 수 없다. 공자는 하늘과 같아서, 오효의 "나는 용이 하늘에 있다"는 것과 같은 경지에 있다.

"곤[땅]은 지극히 부드러우면서도 움직임이 강하다"고 했는데, 쌓인 것이 커지면서 형세가 이루어져 그러한 것이다.

건[하늘]은 지극히 굳건하면서 고정된 형체가 없으며 감응이 빠르다. 그러므로 쉽게 알게 된다. 곤은 지극히 순하여 번거롭지 않고 베푸는 것이 넓다. 그러므로 간단하고 [모든 일에] 능하다.

곤은 먼저 나서면 미혹되어서 따를 바를 알지 못하므로 도를 잃게 된다. 그러나 [겸양의 덕을 지키고] 순종하여 뒤따르게 되면 떳떳한 이치를 얻게 된다.

조화의 공덕은 움직임에서 출발하여 마침내는 순한 데에 이른다. 밝은 데서 드러나고, 포용하는 데서 길러지며, 즐겁고 윤택한 데서 이루어지고, 굳건한 데서 승리하며, 노력하는 데서 모자람이 없고, 그치는 데서 끝내고 또 시작한다.

굳건하고 움직이고 빠지고[陷] 그치는 것은 강剛의 형상이요, 순하고 어울리고[麗] 들어가고 즐기는 것은 유柔의 모습이다.

손巽[85]의 형상이 나무가 된다는 것은 아래에서 싹이 터 위로 자란다는 뜻이다. 곧은 나무가 되는 것은 순응하여 통하기 때문이다. 공工임은 솜씨 있게 따름이요, 백白임은 서로 만나서 따름이요, 장長이고 고高임은 나무의 본성이다. 취臭임은 바람의 형상이며 들어간다[入]는 뜻이다. 사람의 경우 머리카락이 적고 이마가 넓은 것은 [성질이] 조급한 형상이다.[86]

감坎[87]이 혈괘血卦인 것은, 수고로움이 두루 흐르는 것이 바로 피의 형상이기 때문이다. 적赤은 피의 색깔을 말한다.

이離[88]는 건괘로서, 나무에서는 가지 윗부분에 해당해, [성질이] 달라붙고 또한 성급한 것이다.

간艮[89]이 작은 돌이 된다는 것은 단단하여 들어가기 어렵다는 뜻이다. 지름길이 된다는 것은 통행하는 거리가 짧다는 뜻이다.

태兌[90]는 붙은 것이 떨어지는 형상으로, 안이 충실하면 바깥에 붙은 것이 반드시 떨어진다는 뜻이다. 헐리고 부러진다는 것은 사물이 이루어지면 곧 위쪽의 유약한 것이 부러진다는 뜻이다.

곤坤[91]은 예악에 정통한 모습이 되는 것으로, 여러 가지 색깔이라는 뜻이다. 여럿이 된다는 것은 넓게 포용한다는 뜻이다.

건乾이 크게 붉은 것이 되는 것은 그것이 바른 색깔이기 때문이다. 얼음이 된다는 것은 굳건함이 다해 차가움이 심해진다는 뜻이다.

진震[92]은 갈대가 되고, 푸르고 아름다운 대나무가 되며, 꽃의 갈래가 되는데, 이것은 모두 번성하여 보기 좋다는 뜻이다.

한 번 빠져서 나오지 못하면 감坎이고, 한 번 붙어서 떨어지지 못하는 것은 이離이다.

간艮은 양효 하나가 두 개의 음효 위에서 주인이 되어, 각각 그 자리를 얻어 [거기에] 형세가 머물러 있는 것이다. 역에서 광명을 말하면 간의 형상이 많으니, 드러남[드러나는 빛]이 곧 밝다는 뜻이다.

몽蒙[93]에 형통하는 이치가 갑자기 없어지는 것은 이효가 차차 때에 맞게 형통하기 때문이다.

"종일토록 [기다리지] 않으면 곧고 길하다"[《주역》〈예괘육이효사豫卦六二爻辭〉]는 것은 빨리 바르게 하면 길하다는 말이다. 공자는 "[예괘豫卦의] 이효가 음효로서 음의 자리에 있으나 오로지 사효에만 누가 되지 않으므로, '굳은 마음이 돌과 같다'고 했다. 비록 체질이 유순하나 그 중간에 있으면서 안정되었으니 어찌 종일 기다리겠는가? 반드시 기미를 알아서 바로잡을 것이다"[《주역》〈계사하〉]라고 했다.

감은 오직 마음만 형통해 행동에 존숭할 만한 것이 있는 것이다. 바깥이 험한 것에 싸여 있으나, 진실로 처하는 마음이 형통하여 의심됨이 없으면 비록 어렵더라도 반드시 극복하고 공덕이 있게 될 것이다.

중부中孚[94]는 위에서 겸손히 베풀고 아래서는 즐겁게 받드는 형상이다. 반드시 그 가운데서 감화되어 나오는 것이 있을 것이다. 대개 부孚 글자는 품에 안고서 젖을 먹이는 형상이니 반드시 낳는 이치가 있다.

만물은 우레로 인해 움직인다. 우레 치는 것이 망령되지 않으면 만물도 망령되지 않다. 그래서 "만물과 더불어 망령됨이 없다"[《주역》〈무망괘상전無妄卦象傳〉]고 한 것이다.

고요한 가운데 움직이는 일에서는 쉬는 때가 없다. 그러므로 땅과 우레가 [합하여] 괘가 되니, '돌이킨다[反]'고 하기도 하고, '회복한다[復]'고 하기도 한다. 끝나면 다시 시작하여 한없이 순환하니, 사람들은 그 변화를 가리키고 이를 재단할 뿐이다. 깊은 것은 돌이키는 것이며, 기미는 회복하는 것이다. 그러므로 "도를 돌이켜 회복한다"고 하며, 또한 "나가나 들어오나 아무런 탈이 없다"고 한다.[95]

익益[96]은 오래도록 넉넉하면서도 베푸는 일 없이 이익을 취하기만 하는 것이다. 망령되게 정성스럽지 못한 이익을 더하는 것은 [참된] 이익이 되지 못한다.

"우물이 맑아도 먹지 않는다"[《주역》〈정괘구삼효사井卦九三爻辭〉]고 했으니, 억지로 베풀어 행해도 안타깝게도 [그 일이] 쓰이지 못하니, 이것이 바로 역易을 지은 사람의 탄식인가?

문을 닫는 것은 정밀한 것이며, 문을 여는 것은 움직여 통달하는 것이다. 형체가 열려서 눈에 보이고 귀에 들리는 것은 바로 양기를 받는 것이다.

괘사와 효사는 사람들이 각각 나아갈 방향을 가리키는 것이니, 바로 성인의 정情이라 할 수 있다. 그것을 가리켜 때에 따라 이利를 다하도록 했으니, 성명의 이치를 따르고 삼극三極의 도를 다했다. 이를 따르면 흉한 일이나 뉘우칠 일에 빠지지 않는다. 그래서 "변화와 움직임은 이利를 말한 것이다"[《주역》〈계사하〉]라고 했다. 그러나 효에는 치고 빼앗고 사랑하고 미워하는 것이 있어서, 그것의 본정本情이 움직이면 길흉과 회린이 생겨나 바꿀 수 없는 것이 되어버린다. 이것이 바로 "길흉은 정情을 따라 옮겨간다"[《주역》〈계사하〉]는 말이다. 〈계사繫辭〉가 명령한 바를 깊이 새겨보면 [길흉] 이 두 가지 움직임을 알 수 있다. 또한 의와 명에도 당연히 길한 것, 흉한 것, 막힌 것, 통하는 것이 있다. 성인은 흉한 것을 피하고 길한 것을 따르려 하지 않고, 한결같이 곧게 이겨나가 [길흉을] 돌아보지 않았다. 예를 들어, "대인은 막힌 후에야 형통하게 된다"[《주역》〈비괘육이효사否卦六二爻辭〉], "하늘에서 떨어진 것이 있다"[《주역》〈구괘구오효사姤卦九五爻辭〉], "깊은 물을 건너다 머리끝까지 빠지게 되었다. 흉하기는 하나 허물은 없을 것이다"[《주역》〈대과괘상육효사大過卦上六辭〉]라고 하는 것이나, 손괘損卦와 익괘益卦에서 "거북점에 어긋남이 없다"[《주역》〈손괘육오損卦六五〉·〈익괘육이효사益卦六二爻辭〉], "그 명이 어지럽다"[《주역》〈태괘상육상전泰卦上六象傳〉]고 하는 것은 세 가지 정이 다르니 자세히 살피지 않을 수 없다.

효상이 움직이면 아직 드러나지 않은 길흉을 밝힐 수 있다. 그래서 "효상은 안에서 움직이고 길흉은 밖에서 드러난다"[《주역》〈계사하〉]고 한 것이다.

"풍부하게 가졌다"는 것은 커서 바깥이 없다는 뜻이다. "날마다 새로워진다"는 것은 오래도록 무궁하다는 뜻이다.[97]

드러나는 것은 [기가] 모이는 것이요, 숨는 것은 [기가] 흩어지는 것이다. 드러나고 숨는 것은 어둠과 밝음의 형상에 있다. 모이고 흩어지는 것은 밀고 당기는 신의 묘한 [작용]이다.

'변화는 나아가고 물러나는 것의 형상'이라는 말은, 나아가고 물러나는 것의 움직임이 미묘하나 반드시 그것이 변화

하여 드러난 바를 경험해야 한다는 뜻이다. 그러므로 나아
가고 물러나는 것의 이치를 살피기는 어렵지만, 변화의 상을
살피기는 쉽다.

"회린을 근심하는 것은 아주 조그만 것에 달려 있다"[《주
역》〈계사상〉]는 말은, 역상易象[98]의 조그만 흠이라도 보려고
한다면 마땅히 뜻을 고요하게 유지해야만 움직이는 기미를
알 수 있다는 것이다.

'간다[往]'는 말에는 '이미 가버렸다'는 뜻도 있고 '이제 막
가려 한다'는 뜻도 있다. 그러므로 [《주역》을] 읽는 이는 자
세히 살펴야 한다.

15. 악기樂器편

악기 중에 상相이라는 것이 있음은 주공과 소공召公의 다스
림 때문인가? [악기 중에] 아雅라는 것이 있음은 태공太公의
뜻 때문인가? '아'란 바름이다. 자신을 곧게 해서 바름을 행
하는 것이다. 그러므로 잘못을 고치기 위해 음악에 춤에 힘
쓰는 것은 태공의 일인가?《시경》에도 '아'가 나오는데, 말을
바로 해서 직설적으로 이를 노래하나 완곡하게 넌지시 말하
는 기교는 없다.

상무象武란 무왕이 처음 천하를 차지했을 때 문왕의 무공

을 기려 춘 춤으로, 유청惟淸이라는 노래를 부르면서 추었다. 대무大武란 무왕이 죽은 뒤, 다음 왕[즉 성왕成王]이 무왕의 공덕을 기려 춘 춤으로, 무武라는 노래를 부르면서 추었다. 작酌이란 주공이 죽은 뒤, 다음 왕이 이룬 무공이 주공에게서 비롯되었음을 종묘에 알린 노래다.

[시詩란] 자신의 선함을 일으키며, 다른 사람의 뜻을 살피며, 무리와 사귀어도 생각에 사악함이 없게 하며, 원망하되 예의를 지키게 하며, [집에] 들어와서는 어버이를 섬기게 하고 [집을] 나가서는 임금을 섬기게 한다. [여기서] 다만 임금과 어버이를 말하는 것은 중요한 것만을 [보기로] 든 때문이다.

뜻이 이르는 곳에 시도 이른다. 형상이 있으면 반드시 이름이 있고, 이름이 있으면 곧 형체가 있다. 그러므로 예 또한 이르게 된다.

천지를 가만히 돕는 도는 만약 성인이 아니라면 능히 할 수 있겠는가? 시인이 "후직后稷99의 농사일에는 도와주는 도가 있다"100고 했는데, 이는 바로 [천지 만물의] 화육化育을 도와주는 하나의 단서가 된다.

예는 내용을 바로잡고 적절함을 구하는 것으로서, 혹은 꾸미기도 하고 혹은 바탕 그대로 두기도 하는데, 사물의 뒤에 있으면서 일정한 것으로 규정될 수 없다. [예는] 어떤 이의 재주가 뛰어나지 않으면 형식으로 꾸며준다. 만약 장강莊姜101처럼 재주가 매우 뛰어나다면 곧 [그 재주를 꾸미는 재료로] 질소質素[흰빛]를 쓰게 된다. [《논어》에 나오는] "그림을 그리는 일은 바탕을 만든 뒤에 한다"[繪事後素]는 말에서 소素는 바탕을 의미한다. 그러므로 ['질소를 쓴다'고 할 때의 '소'와] 글자는 같지만 뜻이 다르다. 그러므로 색을 칠하는 공인[工]은 재료가 황·백일 경우에는 청·적으로 채색하고, 재료가 적·흑일 경우에는 '흰 빛 가루[粉素]'로 꾸며준다.

"뜰에 오르고 내리는 듯하다"[《시경》〈주송周頌〉]는 말은 비록 위아래로 오르내림이 일정하지는 않으나 사악함을 짓지는 않는다는 뜻이다. 덕으로 나아가고 업을 닦는 것은 때에 맞게 하고자 함이다. "언제나 천제가 옆에 계신 것처럼 한다"[《시경》〈대아〉]는 것은 때가 오면 늦지 않고자 함이 아닐까?

《시경》의 〈강유타江有沱〉편에 나오는 잉勝[102]은 무리와 더불어 행하면서 사심을 버리고자 했으므로 원망함이 없다. 그러나 적嫡[103]은 무리와 더불어 행하면서 사심을 버릴 수 없으므로 잉의 숫자를 제대로 갖추지 않았다. 그러나 마침내 스스로 뉘우쳐 안정의 길함을 얻게 되니, 이에 즐거워 시를 읊조리고 노래한다.

도꼬마리[枲耳]를 따고 술과 음식에 대해 의논한다.[104] 여자[의 도리]는 손님을 접대하고 제사를 받들며 남편과 어버이를 후대하는 것이면 족하다. 또한 사신의 수고를 치하해 술을 따라줄 것을 생각하고 어진 이를 구하며 관리를 살피는 데까지 나아간다면, [이것이 곧 임금의 도리이니] 왕계王季

105와 문왕의 마음도 어찌 이 이상이었겠는가?

《시경》〈소남召南〉, "감당甘棠"편의 첫 장은 백성들이 소공이 남긴 덕106을 없애버리는 것을 가슴 아파한 것이고, 가운데 장은 백성들이 [소공의 유덕을] 상하게 하는 것을 가슴 아파한 것이며, 마지막 장은 백성들로 하여금 [소공의 유덕을] 마음으로부터 공경하게 하고 그것을 훼손함으로써 모독하는 일이 없게 하려고 한 것이다. 선한 가르침을 점차 밝혀나가지 않고도 백성에게 이러한 것을 기대할 수 있겠는가?

'진진振振'이란 힘써 노력하는 것이다. "돌아오소서, 돌아오소서" 하는 것은 그 감정을 표현한 말이다.107

권이卷耳의 시는 신하를 생각하는 것이다. 적게 노력하면 적게 마시기를 생각하고 많이 노력하면 곧 많이 마시기를 생각한다. [노력이] 심대하면 원망하고 괴로워하고 탄식하는 것을 알게 된다. 부녀자라 할지라도 이러한 일에 능하면, 음흉하고 사사로이 막아서 정치를 해치는 마음이 자신에게서 없어지게 됨을 알 것이다.

"새까만 머리카락, 삼단같이 흘러내리네"라는 말은, 가난한 사람들은 흐트러진 머리카락을 올려 상투 틀 시간 여유조차 없어서 긴 머리카락을 그대로 늘어뜨려 묶기만 할 뿐이라는 것을 이른다.

《시경》〈소아小雅〉에 나오는 요소蓼蕭와 상화裳華의 시에서 "마음에 즐거움이 가득하다"고 한 것은 모두, 임금이 자신을 온후하게 대접하니 감정을 가라앉히고 펼 수 있게 되어, 참소하고 비방하는 말들이 용납되지 못하며 아름다운 명성이 보존된다는 뜻이다.

《시경》〈상송商頌〉, "나那"의 "우리의 제사 받으시고 돌보소서. 탕왕의 자손이 삼가 받드나이다"라는 구절은, 돌아가신 할아버지[의 신]이 강림하여 살피시어 탕왕의 후손들을 도와달라는 의미이다.

[《시경》〈소아〉, "상체常棣"의] "아가위꽃이 활짝 피었네"라는 구절은, 우애 깊은 형제들[의 잔치]를 살펴보니 처음부터 가식 없이 진실에 근본을 두고 있다는 것을 의미한다.

《시경》〈당풍唐風〉, "채령菜苓"의 시에서 "[임금 된 자는 참언을 들으면] 들은 척도 말아야 하며 조금도 넘어가지 말아야 한다. 이렇게 되면 [없는] 말을 지어낸 [사람이] 무엇을 얻을 수 있겠는가?"라고 했다. 칭찬도 반드시 시험해보고 넘어가니, 이것이 바로 후덕함의 극치이다.

'간簡'은 간략함이니 곧 [두려워하고] 어려워하는 바가 없음이다. [그러나 '간이함'도] 지나치면 공손하지 못하다. 어진 이가 벼슬하는 것은 배고픔과 추위를 두려워해서가 아니라면, 공손치 못함이 이보다 더 지나친 것은 없다. "간략하고 간략하다"[《시경》〈패풍邶風〉, "간혜簡兮"]는 말은 당시의 임금이 [어진 선비를] 등용하지 않은 것을 비판한 것이기는 하나, 선비 된 자 역시 지나치게 간략하면 비판받지 않을 수 없다. 그러므로 [《시경》에서] 시인이 [군자의] 용모가 혈기 왕성하고, 또한 [임금을] 모시는 기세가 [호랑이같이] 힘 있음을 진술한 것은, 군자가 [사람들을] 방과 춤추는 장소로 불러들이되 [함께 즐길 뿐] 그 재간才幹과 무용武勇에 대해 말하지 않는 것과는 다른 경우다.

"내 도끼는 깨지고 도끼날은 이가 빠졌네"[《시경》〈빈풍豳風〉, "파부破斧"]라는 말은, 비록 네 나라[의 제후들]이 반란을 일으켰지만 [그들이 백성들을 위해] 해줄 수 있는 일은 아무것도 없으니 다만 내 도끼가 깨지고 도끼날의 이가 빠졌을 따름이라는 것을 뜻한다. 주공이 정벌하여 이들 나라의 백성들을 편안케 했으니, 이것이 바로 사람을 사랑하는 바이다.

《시경》〈빈풍〉, "벌가伐柯"에는, 주공에게 예를 갖추기 위해 자신이 직접 [그를] 맞이하러 가야 한다는 말이 나오며, 마침내 《서경》에서는 "나 스스로 [그분을] 맞이하겠다"는 말이 나온다.

《시경》〈빈풍〉, "구역九罭"은, 왕[성왕]이 주공을 대할 때에 예명禮命을 중히 여겨서 성인[주공]의 보좌를 받을 수 있었음을 말해준다.

《시경》〈빈풍〉, "낭발狼跋"은, 주공이 성스러움을 잃지 않고 마침내 인심을 화평하게[화평한 상태로] 감화시킨 것을 찬양한 것이다.

《시경》〈소아〉, "보전甫田"에서는 "해마다 만萬을 [세금으로] 거두어들였네"라고 했다. 10리의 밭은 모두 9만 묘인데 그중 세금으로 만 묘를 거두어들였으니, 곧 '구일조의 법'[108] 이다.

후직이 살았던 시대는 요임금과 순임금의 사이이다. 《시경》에는 "상제께서 어찌 편치 않으시리"라는 말이 나오는데, 요임금이 [제위에] 있을 때 고신高辛[109]의 자손이 이왕二王이 되자 시인이 다만 [존칭의 의미로] '상제'라고 한 것일 뿐이다.

산앵두나무는 가지가 가시나무의 가지와 같아서 마디마디가 구불구불하며, 꽃도 이리 '치우치고[偏]' 저리 '거슬린다[反].' 좌우가 서로 바로잡혀야만 전체적인 균형을 얻을 수 있다. '치우침'이란 관管과 채蔡가 도를 잃어버렸음을 일컫는 것이며, '거슬림'이란 주공이 [관과 채를] 징벌한 사실을 일컫는 것이다.[110] [이는 결국] 우리가 형제의 사랑을 생각하지 않을 수 없지만, 다만 권의權宜가 의와 합해 [도를] 멀리하는 자들을 다스릴 뿐이라는 것이다.

해가 뜨면 음이 서쪽에서 올라와 해를 맞이하므로 [음양이 서로] 만나게 되는데, 이것이 바로 비의 징조이며 혼인婚姻이 예를 얻는 것에 비유된다. 해가 서쪽으로 기울고 음이 동쪽으로 올라오는 것은 혼인이 도를 잃는 것에 비유된다.

"학이 울면 새끼가 좋아한다"[《주역》〈중부괘구이효사中孚卦九二爻辭〉] 함은 그 울음소리가 선하기 때문인가? "학이 울면 물고기가 [물속에] 숨는다"[《시경》〈소아〉, "학명鶴鳴"]는 것은 그 울음소리가 좋지 못해 두려움을 주기 때문인가?

"쏜살같이 나는 저 송골매, 우거진 북 숲을 향하네"[《시경》 〈진풍秦風〉, "신풍晨風"]라는 말은, 송골매가 비록 사납고 매서운 새이긴 하지만 때가 되면 물러나 깊은 숲속[둥지]에서 쉰다 는 뜻이다.

《시경》〈소아〉, "점점지석漸漸之石"에서 "흰 발톱 멧돼지 떼, 물결 헤쳐 강을 건너네"라고 했다. 흙을 덮어쓰고 진흙덩이 를 주둥이로 끄는 것이 돼지의 본성이다. [그러므로] 이제 돼 지의 발톱이 모두 희며, 돼지들이 무리를 이루어 강을 건너 가는 것으로 보아 수해水害가 심한 것을 알 수 있다.

"군자의 도에 소중히 여겨야 할 것이 세 가지 있다"[《논어》 〈태백〉]고 했는데, 이는 천하를 다스리는 데 세 가지 중요한 것이 있다는 뜻이다. 즉 언言, 동動, 행行이다.

진실로 덕을 이루어 펴면 백성이 감화되고 봉황이 날아든 다. 그러므로 새 지저귀는 소리가 들리면 화기和氣가 감응한 것으로 여겨진다.

'홍범구주洪範九疇'111의 순서는 다음과 같다. 백성들이 살아 가는 데 바탕으로 삼는 것으로서 '하늘의 재질[天材]'보다 더 앞선 것이 없다. 그러므로 [홍범구주] 첫머리에서 오행五行 [수, 화, 목, 금, 토]을 말한다. 천하의 임금 된 자들은 반드시 먼 저 자신을 바르게 해야 한다. 그러므로 그다음에는 오사五事

[모貌, 언言, 시視, 청聽, 사思]를 말한다. 자신을 바르게 한 뒤에야 나라를 얻어 다스리게 된다. 그러므로 그다음에는 팔정八政 [식食, 화貨, 사祀, 사공司空, 사도司徒, 사관司寇, 빈賓, 사師]을 말한다. 정치는 때가 아닐 때 행하면 반드시 혼란스러워진다. 그러므로 그다음에는 오기五紀[세歲, 월月, 일日, 성신星辰, 역수曆數]를 말한다. 오기를 밝힌 뒤에야 때마다 중中을 얻게 된다. 그러므로 그다음에는 황극皇極[大中] 세우기를 말한다. 대중을 구하려면 기준[權]을 알아야 한다. 그러므로 그다음에는 삼덕三德 [정직正直, 강극剛克, 유극柔克]을 말한다. 기준에는 반드시 의심이 있게 된다. 그러므로 그다음에는 '의심을 헤아리는 것[稽疑]'[즉 우雨, 제霽, 몽蒙, 역驛, 극克, 정貞, 회悔]을 말한다. 조짐이 있은 뒤에야 의심을 해결하게 된다. 그러므로 그다음에는 서징庶徵[우雨, 양暘, 오燠, 한寒, 풍風, 시時]을 말한다. 복극福極[수壽, 부富, 강康, 영寧, 유호덕攸好德, 고종명考終命, 오복五福]의 조짐이 있은 뒤에야 가히 힘쓰지 않아도 잘 다스려지게 된다. 그러므로 맨 끝에는 [복극의] 향권嚮勸을 말한다. 5는 1에서 9까지의 수 중에서 중간이다. 그러므로 [홍범구주는] 황극을 여기[5의 자리]에 두었다. 권權은 중을 지나 의와 합하는 것이다. 그러므로 삼덕三德[權]을 6의 자리에 두었다.

　"친히 여길 만한 이를 친히 하며, 존귀한 이를 존귀하게 여긴다"[《예기》〈상복소기喪服小記〉] 했고, 또 "친히 여길 만한 이를 친히 하며, 어진 이를 존귀하게 여긴다"[《중용》] 했다. [친히 여길 만한 이를 친히 하며 존귀한 이를 존귀하게 여긴다는 것의] 의미는 서로 보완적인 것이니, 친함이 같으면 존귀하게 여길 만한 이를 [먼저] 존귀하게 여기고, 또 존귀함이 같으면 친히 여길 만한 이를 [먼저] 친히 여기는 것이 마땅하다. 만약 친함과 존귀함의 정도가 모두 같다면, 나이로 우선순위를 정해야 한다. 이러한 원리로써 친한 이들에게 베풀면 미심쩍은 부분이 없을 것이다. 어진 이를 존귀하게 여기는 등급과 같은 것은 [친한 이를] 친히 하고 [존귀한 이를] 존귀히 여기는 등급[殺]에 따라 저울질[權]해본 뒤에 행해져야 한다. '어진 이와 급히 친하고자' 하는 것은 바로 요와 순의 도이다. 그러므로 친하게 지내는 어진 이를 [관계가] 소원한 어진 이들보다 먼저 찾는 것이 당연한 순서이다. 요임금이 구족九族[112]에게 큰 덕을 밝힘으로써 구족이 화목하게 되었으며, 백성에게 큰 덕을 분명하게 드러내줌으로써 세계만방이 협동하고 백성들이 화락하게 되었다. 고요皐陶[113] 역시 후덕함으로써 구족에게 정치를 펼치니 여러 지혜로운 자들이 힘써 도왔다. 이것이 바로 가까이에서 멀리로 나아가는 도이다. 구족 중에서 힘써 공경하는 이들부터 먼저 밝히고 난 후에, 멀리 있는 이들에게까지 차례가 돌아가게 될 것이다. "능히 큰 덕을 밝힐 수 있다"고 한 《대학大學》의 말은 그 덕을 스스로 밝히는 것이라는 뜻인데, 이것은 공안국孔安國의 주註보다 나을 것이 없다.

의민義民이란 단지 자신의 분수에 만족하며 사는 양민일 따름이며, 준민俊民이란 큰 덕을 지닌 백성이다. 능력이 있는 자를 관직에 앉히면 그 지역에서는 의민이 없어지며, 정치가 혼란해지면 준민이 잘 등용되지 않는다.

오언五言이란 음악에 쓰이는 말로서, 오덕五德114을 읊고 노래하는 것이다.

"점치는 것은 길함을 익히려는 것이 아니다"[《서경》〈대우모大禹謨〉]라는 말의 의미는, 복관卜官이 점을 치기에 앞서 먼저 사람들 이야기를 들어봐야 한다는 것이다. 그래도 의심이 남으면 점을 치고, 의심이 없어졌으면 점을 그만둔다는 뜻이다. 뜻에 한 점 의심도 없게 되면 사람들의 생각이 모두 같을 것이니, 점을 칠 필요가 없는 것이다. [이렇게 되면] 귀신이 의지할 것이고 각종 점괘도 이를 따를 것이므로 점을 칠 필요가 없다. [점으로써] 길함을 희롱하며 즐기는 것은 신을 모독 하는 일이다.

괘효卦爻의 뜻과 변화를 분명하게 고찰할 수 없을 때 회린이 생겨나는 것을 방지하는 것, 이것이 바로 길흉을 점치는 일이 생겨난 이유다.

16. 왕체王禘 편

《예기》에 "왕이 아니면 체제禘祭를 지내지 못한다"는 구절이 있다. 이것은 제후가 해마다 한 번의 제사를 빼는 것이 체제를 지내지 않는 것임을 분명하게 보여준다. 주나라에 이르러서는 봄에는 사제祠祭를 행하고 여름에는 약제禴祭를 행하여 한 해에 여섯 번 종묘에 제사하니, 곧 [체禘, 협祫의] 이향二享과 [사祠, 약禴, 상嘗, 증烝의] 사제四祭로 여섯 번이 된다. 제후는 체제를 행하지 못하고 [또 사제 중 하나를 빠뜨리므로] 사향四享이 된다. 하夏나라와 상商나라의 제후들은 여름에는 특히 한 번의 [함께 지내는] 협제祫祭만을 행했다. 《예기》에서는 "약제를 지내면 체제를 지내지 않으며, 체제를 지내면 상제嘗祭를 지내지 않는다"고 했다. 이것은 시제時祭의 이름을 빌려 그 시제[時祀]의 수數를 나타냈을 따름이다. 《예기》를 쓴 이는 그 글이 뜻을 지나치게 해치는 것을 알지 못했다.

체제는 하나라와 주나라에서는 봄, 여름에 지냈고, 상제는 하나라와 상나라에서는 가을, 겨울에 지냈다. 《예기》를 쓴 이가 [체제와 상제를] 교대로 거론한 것은 단지 음양 두 기를 짝으로 하여 함께 말하기 위해서였을 뿐이다.

《예기》에서 말하는 '상향享嘗'의 '향'은 추향追享[115]이나 조향朝享[116]이며, 체제 역시 그 하나일 따름이다. 상제를 배향配享하는 것 역시 가을, 겨울을 마주 들어 말하는 것이다. 하나

라와 상나라는 체제를 [여름의] 시제로 삼았다. 이로 미루
어 추향이란 반드시 여름에 하는 것임을 알 수 있다. 따라서
하나라와 상나라의 천자는 해마다 오향五享을 행했다. 체제
를 사제에 배치시키고, 여기에 협을 더하여 다섯이 되는 것
이다. 그런데 주나라는 [여름에 드리는] 체제를 약제로 고쳐,
천자가 한 해에 여섯 번 제사를 지냈다. 그런데 [주나라의]
제후는 체제를 행하지 않고 또 해마다 [사제 중] 하나를 빠
뜨려 네 번의 제사를 지냈을 뿐이다.《예기》에서 "천자는 [봄
에 지내는] 약제를 [하나하나 따로 지내는] 특제特祭로 하고,
체·상·증의 세 제사는 협제로 한다"고 했다. 이미 체제를 시
제로 삼았으니 나머지 제사도 동시에 지내는 것이 옳은 것이
다. 또《예기》에서 "제후는 약제를 특제로 거행하며, 체제는
한 번은 특제로, 한 번은 협제로 지낸다"고 했는데 여름의 체
제 때 바로 한 번의 제사를 지내는 것은 [제후로서는 체제를
지내지 않고] 한 번의 협제만을 지낸다는 의미다. 즉 "왕이
아니면 체제를 지내지 못한다"는 것이 여기서도 뚜렷이 나타
난다.《예기》에서 "상제도 협제로 하고, 증제도 협제로 한다"
고 했는데, 상제와 증제를 지내고 또 협제를 지낸다는 것이
분명하다. 주례周禮[周制] 또한 [사제 중] 하나를 빠뜨려야 할
것이니, "제후는 사제를 드리면 약제를 드리지 않고, 약제를
드리면 상제를 드리지 않는다"고 함이 마땅하다.

　서자庶子가 [제주祭主가 되어] 조상의 제사를 지내는 일이

없는 것은 종자宗子의 지위가 분명하기 때문이다. [서자가 제주가 되어] 아버지의 제사를 지내지 않는 것은 종자의 지위가 분명하기 때문이다. 서자가 자신의 장자長子가 죽었을 때 참斬117을 입지 못하는 것은 [이 장자가] 집안의 종자가 아니기 때문이다.

[《예기》에서] "서자는 상殤과 무후자無後子118를 위해서는 제사 지내지 않는다"고 했다. [정현鄭玄의] 주해에서는 "상의 제사를 지내지 못하는 것은 아버지의 서자인 경우다"라고 했다. 대개 '상'의 경우에는 나이를 말할 수 없고, 다만 자기가 [서자인 탓에] 아버지에게 제사를 드리지 못할 형편이라서 제사 지내지 않는 것이다. 또한 [주해에서] "무후자를 위해서 제사 지내지 않는다 함은 할아버지의 서자인 경우다"라고 했는데, 비록 무후자라 하더라도 그가 성인成人의 나이를 갖추었으므로 당연히 할아버지와 합해 제사 지내야 하지만, [서자] 스스로가 할아버지의 제사를 지내지 못하므로, 그에게 제사 지낼 수 없다는 뜻이다. "조서祖庶의 상은 스스로 제사 지낸다"고 한 것은, 서손庶孫일 경우 그 아들의 상에 제사 지낼 수 있는 자가 바로 자신을 그 할아버지로 삼기 때문에, 이에 함께 제사 지낼 수 없다는 것이다. "상을 제사 지내는 것은 오로지 적자인 경우에 한해서다"라고 하는데, 이는《예기》에 따른 것으로, 천자가 상을 하제下祭119하는 경우는 다섯 가지120 이니, 모두 적자·적손의 유類라는 데 근거한다. 그

러므로 무릇 상이 적자가 아니면 단독으로 제사 지내는 것은
부당하며 오로지 종가의 조묘祖廟에 합제合祭하는 것이 마땅
함을 알 수 있다. 무후자는 곧 자신의 형제와 아버지의 형제
를 말한다. 상과 무후자는 조묘가 소종가小宗家에 있는 것처
럼 하며, 제사는 대종가大宗家에 있는 것처럼 한다.

은殷에서 시작하여 위로는 칠묘七廟이다. 시조[祖考]에서 아
래로는 5이나, 원묘遠廟의 조121가 되는 둘을 합해 7이다. 옮기
지 않는 태조묘太祖廟란 없다. 주나라에 이르러서야 백세百世에
도 허물지 않는 조묘가 생겨났다. 즉 삼소삼목三昭三穆122 중에
서 [고高, 증曾, 조祖, 약禰] 4를 친묘親廟로 하고 나머지 2를 문
왕과 무왕의 이세실二世室로 했으니, 이것들과 시조[의묘]가 합
쳐져서 7이 된다. 제후에게는 이세실[二]이 없으므로 5이다.
대부大夫에게는 옮기지 않는 조묘가 없으니, 곧 일소일목[조,
약]과 시조를 합하여 3이다. 그러므로 시조를 흔히 태조라고
말하는 것이다. 만약 협제를 지내고자 한다면 곧 그 임금을
청하고 고조를 합하여 이를 협제한다. 공영달孔穎達이《예기》
〈왕제王制〉를 주해하여 주제周制에 대해 말하고 있기는 하지
만, 이 부분에 이르러서는 역시 자세하지 못하다.

[《예기》에서] "제사 때 [부조父祖와 그의 아내를 동시에 제
사 지낼 때] 대자리를 펴고 의자 하나를 마련해놓는다"고 했
다. 그러므로 제사에서 좌우 양쪽으로 [부부의] 의자를 따로
마련한다는 것은 의심스럽다. 한마디로 말해 귀신과의 교제

는 [살아 있는] 사람들과의 교제와는 다르다. 그러므로 부부의 의자를 함께 마련한 것이다. 제사는 실내에서 지내기도 하고, 혹은 팽[묘문廟門 밖]에서 지내도 한다.

사직社稷과 오사五祀[123]와 여러 신을 제사 지내는 것은 여러 신의 공덕으로써 하늘의 덕에 보답하는 것일 따름이다. 그러므로 하늘[을 섬기는 도]로 귀신을 섬기는 것이 섬기는 일의 지극함이요, 이치의 지극함이다.

"천자는 출생[지]에 따라 [제후에게] 성姓을 부여하고, 제후는 자字로써 [경대부의] 시호를 삼는다"[《춘추좌씨전春秋左氏傳》〈은공팔년隱公八年〉]는 것은 대개 '높은 지위[천자]'로 윗사람[제후]을 다스리고 '낮은 지위[제후]'로 아랫사람[경대부 이하]을 다스린다는 뜻이다.

천자는 출생[지]에 따라 [제후에게 다만] 성을 부여할 뿐이지 더 아랫사람들에게는 명령하기 어렵다. 이것 또한 '높은 지위'로 윗사람을 다스리는 도이다.

《예기》〈옥조玉藻〉에 의거해볼 때, 천자가 명당明堂[124]에서 하룻날에 그 달에 행할 정사政事를 듣는다[聽朔]는 것은 아무래도 의심이 간다. 제후는 태묘에서 [초하룻날 그달에 행할 정사를] 듣는다. 달력[朔]을 간직해둔 곳에 나아가서 조상에게 아뢰고 [정사를] 시행하게 된다.

"[교제郊祭의 날짜를 점칠 때는] 반드시 종묘에 고하고 아버지의 묘에서 거북점을 쳐야 한다"[《예기》〈교특생郊特牲〉]는 것은 당연한 순서다.

공公의 사士와 대부의 중신衆臣을 '중신'이라 하고, 공의 경대부와 경대부의 실로室老[125] 그리고 가읍家邑[家相]의 사를 '귀신貴臣'이라 한다. 위에서 '공'과 '사'를 언급하는 것은 공에서 사를 구별하기 위해서고, 아래에서 '실로'와 '사'를 말하는 것은 가家에서 사를 구별하기 위해서다. "중신은 지팡이를 짚고서 자리에 나가지 않는다"[《의례儀禮》〈자하상복전子夏喪服傳〉]는 말은 아마도 [중신이 지위에 있어] 서자와 의미를 같이하기 때문일 것이다.

'적사適士'란 제후가 천자에게 천거하는 사와 왕의 조정에서 벼슬을 명한 이를 통괄하는 이름인 듯하다. 대개 삼명三命해야 바야흐로 천자의 조정에서 자리를 받게 되는데, 일명一命하고 재명再命함에 직職을 받고 복服을 받은 자는 관장官長의 자발적 의지에 따라 채용되었으나 아직 왕의 조정에서 자리를 갖지는 못했을 것이니, 그러므로 그를 관사官師라고 할 따름이다.

[《주례周禮》에서] "작은 일은 독자적으로 전달한다"고 했는데, [벼슬하는 사람들은 대부분] 스스로 임금에게 전달할 수 있고, 관장官長의 [명령을] 듣기를 기다릴 필요가 없다는 말이다. 이것이 바로 《예기》에서 말하는 '달관達官'[126]이다. 이른바 달관의 '장'이라는 것은 스스로 전달할 수 있는 장長을 말한다. 이른바 '관사'라는 것은 그 장 다음가는 관직이다. 그

러므로 달관의 장이란 삼명에 의해 위[上]에 있는 자이고, 관사는 곧 중사中士로서 재명을 받은 자이며, 서사庶士는 일명을 받은 자임을 알 수 있다.

[육명六命하여] 관직을 주는 것은 그 속屬[官]을 신하로 삼는 것이다.

"조묘가 훼손되지 않았으면 공궁公宮[祖廟]에서 가르친다" [《예기》〈혼의昏義〉]는 것은 곧 제후가 상복을 입는 일족 사람들을 불러들여 마치 집안사람인 것처럼 친하게 하는 것을 말한다.

"[당堂에서] 내려와 [술을] 마신다"[《논어》〈팔일〉]는 것은 [활쏘기에서] 이기지 못한 자가 스스로 당을 내려와서 [벌주를] 받아 마신다는 뜻이다. 즉 [군자들은] 경쟁하는 가운데서도 다만 겸양할 따름이다.

군자가 활을 쏘는 것은 맞히는 것을 목표로 하는 것이지, 반드시 과녁을 꿰뚫는 것을 목표로 하지는 않는다. 후侯는 베布로 만들고 곡鵠은 가죽으로 만드니 과녁127을 꿰뚫지 못하고 땅에 떨어져도 정곡을 맞혔다고 할 수 있음을 알 수 있다. 이것이 바로 힘에 따라 등급을 달리함을 말해준다.

"죽은 사람을 알아도 산 사람[유족]을 알지 못하면 슬퍼할 뿐 조문하지는 않는다"[《예기》〈곡례曲禮〉]. 재앙으로 인한 죽음[眚死], 물건에 눌려서 죽는 죽음[압사], 물에 빠져 죽는 죽음[익사]의 경우는 슬퍼함[의 정도]가 더욱 심하니, 죽은 이에게

슬픔을 베풀어 산 사람을 조문하지 않는 것이 [다른 경우와] 특히 다르다. 또한 [유족을 조문한다 하더라도] "어쩌다 이런 불행한 일이 생겼습니까?"라는 조사弔詞조차 말할 수 없게 된다.

'박의博依'란 말[言]의 장단에 맞춰 노래하고 즐기는 것이다. '잡복雜服'이란 여러 의식에 [따라 달리] 착용하는 여러 종류의 예복에 관한 글을 두루 익히는 것이다.

《춘추春秋》의 요지는 [모두] 천자의 일이다. 그러므로 [공자는] "나를 알아주는 것도 《춘추》이며, 나를 벌하는 것도 《춘추》이다"[《맹자》〈등문공하滕文公下〉]라고 했다.

[《논어》의] "싹이 나오나 꽃이 피지 못한다"는 구절은 바로 그 아래에 나오는 "[사십, 오십이 되어서도 세상에 명성을 드러내지 못한 후학들은] 두려워할 바가 못 된다"는 구절과 같은 이야기이다.

17. 건칭乾稱편

서명西銘[128]: 건은 [하늘로서] 아버지라고 불리고, 곤은 [땅으로서] 어머니라고 불린다. 나는 여기서 조그만 모습으로 그 가운데 뒤섞여 있다. 하늘과 땅에 가득 찬 것을 내 몸으로 삼고, 하늘과 땅을 이끌고 가는 것을 내 본성으로 삼는다.

사람들은 모두 한배에서 난 형제이고, 만물은 나와 함께 있[는 동료]다. 천자는 우리 부모의 장자요, 그의 신하는 장자의 가상家相이다. 나이 많은 어른을 모실 때는 자기 어른을 모시듯 하고, 약하고 외로운 사람을 돌볼 때는 자기 아이를 사랑하듯 한다. 성인은 [천지와] 덕을 같이하는 사람이며, 현인은 [보통 사람보다 덕이] 뛰어난 사람이다. 무릇 천하의 노쇠한 이, 불구자, 형제 없는 사람, 자식 없는 사람, 홀아비, 과부 등은 모두 나의 형제들로서, 환난을 겪으면서도 하소연할 데 없는 불쌍한 사람들이다. "이에 보전하리라"[《시경》〈주송〉] 함은 자식이 부모를 존경하는 것이며, "즐거워하고 또한 근심하지 않는다"[《주역》〈계사상〉] 함은 자식이 부모에게 드리는 지순한 효성에서 비롯되는 것이다. 부모의 말씀에 순종하지 않는 것을 패덕悖德이라 하고, 어진 것을 해치는 것을 적賊이라 하며, 악을 행하는 것을 부재不才라 한다. 아비의 모습을 따르려는 사람은 오로지 아비를 닮은 자식이 될 것이다. 화를 알면 [하늘의] 사업을 잘 이룰 수 있고, 신을 궁구하면 [하늘의] 뜻을 잘 이어받을 수 있다. 다른 사람이 보지 않는 데서도 부끄러운 행동을 하지 않는 사람은 부모를 욕되게 하지 않고, 또 그 본심을 지켜 본성을 키우는 사람은 게으르지 않다. [술은 사람의 본성을 어지럽게 하므로 우임금은 술을 끊었는데] 우임금은 술을 마시지 않았기 때문에 [효자가 될 정도로 본성을] 잘 양육했으며, 영재를 교육하는 사람들이 영

고숙潁考叔처럼 [효도를 하면] 같은 무리들을 감화시킬 것이다[모두 천하의 효자를 만들 것이다]. 천하의 사람들을 감화시키고 어버이를 기쁘게 하는 것은 순임금의 공이요, 도망갈 곳 없이 죽기를 기다리는 것은 신생申生[129]의 공손함이다. 태어날 때 [부모에게서] 받은 몸을 죽을 때 온전히 [부모에게] 돌려준 것은 증삼曾參[130]이었고, 부모의 말씀을 따르는 데 용감하고 명령을 잘 따른 사람은 백기伯奇[131]였다. 부유하고 귀하며 복스럽고 윤택한 것은 장차 나의 삶을 두텁게 하고, 가난하고 천하며 근심스럽고 걱정스러운 것은 마치 옥을 다듬듯 너를 잘 이루게 할 것이다. 살아 있을 동안 나는 [하늘과 땅을 부모처럼] 거역함이 없이 섬기고, 죽게 되면 편안히 쉴 것이다.

무릇 형상화[狀]할 수 있는 것은 모두 있는 것이요, 모든 있는 것은 모두 형상[象]이며, 형상은 모두가 기다. 기의 본성은 원래 허하고 신묘한 것이므로 신과 성性은 기가 본래부터 소유하고 있는 것이니, 이것이 바로 귀신이 사물을 두루 체득하여 빠뜨림이 없는 것이다.

지성至誠은 천성이요, 쉬지 않음은 천명이다. 사람으로서 지성을 다하면 본성을 다하고 신을 궁구할 수 있다. 쉬지 않고 하면 명命이 행해져서 조화를 알 수 있으니, 학문이 조화를 아는 경지에 이르지 못하면 진실로 얻는 것이 없다.

유와 무, 허와 실을 통해 하나의 사물로 할 수 있는 것은 본성이고, 하나로 할 수 없으면 본성을 다한 것이 아니다. 마시고 먹는 것이나 남자와 여자에 관한 것이 모두 본성이니, 이것을 어찌 없앨 수 있겠는가! 그런데 유와 무가 모두 본성이니, 이것들에 대한 상대물이 어찌 없겠는가? 장자, 노자, 석가가 이러한 설을 만든 지 이미 오래이나 과연 진리를 창달했던가?

하늘은 만물을 [자기] 안에 싣는데, [서로] 감응하며 본성을 이루는 것은 건곤과 음양 두 가지뿐이다. [하늘에는] 안팎이 합하는 것도 없고 귀와 눈에 이끌리는 것도 없으니, 이것은 사람[의 감각 기관의 유한한 작용]과는 다르다. 사람이 본성을 극진히 하고 하늘을 알아서 좁은 시각에 얽매이지 않는다면 거의 [하늘에] 가깝게 될 것이다.

유와 무가 하나가 되고 안과 밖이 합쳐진 데서 바로 인심人心이 생겨난다. 성인은 듣고 보는 것으로 마음을 삼지 않으므로, 듣고 보는 것에서 영향을 받지 않는다. 감응하지 않는 바가 없는 것이 바로 허虛이다. 감응되면 곧 합쳐지고 동화된다. 만물의 근본은 하나이므로 하나가 능히 다른 것과 합쳐지게 된다. 다른 것과 합쳐지기 때문에 감感이라고 한다. 만약 다른 것이 없으면 합할 일도 없게 된다. 하늘의 본성은 건곤과 음양 두 가지이므로 감感이 있고, 근본이 하나이므로 합쳐지는 것이다. 천지가 만물을 낳을 때 만물이 받는 바는 각각 다르지만, 만물 중 잠시도 감응되지 않는 것이 하나도 없으니 본성을 곧 천도라고 하는 것이다.

감이란 본성의 신이요, 본성은 감의 본체이다. 오로지 굽히고 펴고 움직이고 고요하고 끝나고 처음 시작하는 것만이 능히 하나가 된다. 그러므로 만물을 묘하게 하는 것을 신이라 하고, 만물을 관통[通]하는 것을 도라 하며, 만물의 본체가 되는 것을 본성이라 한다.

지극히 허한 가운데 실한 것은 실해도 굳지 않는다. 지극히 고요한 가운데 움직이는 것은 움직임이 다할 때가 없다. 실해도 굳지 않으면 하나가 흩어지고, 움직이면서도 다하지 않으면 가면서도 또 오는 것이다.

본성은 무와 지극히 통하는 것이므로 기는 그 한 가지 사물일 뿐이다. 명이란 본성에서 함께 받는 것이므로 마주치는 일마다 곧 적절하게 된다. 다른 사람은 한 번에 하는데 자기는 백 번을 해도 이르지 못하고, 다른 사람은 열 번에 하는데 자기는 천 번을 해도 이르지 못하는 것이 있다면 아직 본성이라 말할 수는 없으나 기라 말할 수는 있다. 행한 것은 같으나 보응報應의 결과가 다르면, 아직 명을 말할 수는 없으나 우연히 만나는 것에 대해서는 말할 수 있다.

불교에서는, 의식을 가진 존재는 죽은 뒤 다시 생명으로 태어나 순환[윤회]하게 되는데, 이것이 바로 귀신이라고 말한다. 급기야 이러한 괴로움을 싫어하여 이를 피하고자 하니 어찌 귀신을 안다고 할 수 있겠는가? 또 [석가는] 인생을 허

망한 것으로만 여기니 어찌 사람을 안다고 하겠는가? 하늘
과 인간이 하나인데 어느 것은 취하고 어느 것은 버릴 생각
을 하니 어찌 하늘을 안다고 하겠는가? 공자, 맹자가 말하는
하늘이 바로 저들[불교도]이 말하는 도이다. [저들에게] 미혹
된 자들은 "떠도는 혼이 변화한다"[《주역》〈계사상〉]는 [공자
의] 말을 바로 윤회[의 증거]로 여기고 있으니 제대로 생각하
지 못한 것이다. 크게 배우려면 먼저 마땅히 천덕天德을 알아
야 할 것이다. 천덕을 알면 성인도 알게 되고 귀신도 알게 된
다. 석가의 논법의 요지는, 생과 사가 윤회하므로 도를 깨달
은 사람이 아니고는 [이러한 쇠사슬을] 벗어나지 못한다는
것이니, 어찌 [석가가] 도를 깨달았다고 할 수 있겠는가?[132]
석가의 학설이 중국에 불길처럼 전파되자 유학자들은 '[중
국] 성인들의 학문[聖學]'을 맛보기도 전에 스스로 그 학설을
취하고 거기에 빠져들어 이를 큰 도라 여기게 되었다. 그 풍
속이 천하에 퍼지니 선한 사람과 악한 사람, 지혜로운 사람
과 어리석은 사람, 남자와 여자, 노비를 막론하고 사람마다
모두 착실히 믿는다. 빼어난 재주가 있는 자라 하더라도 태
어나자마자 곧 귀와 눈으로 안일하게 익힌 일에 빠져버리고,
자라나서는 '속된 선비[世儒]'들이 근본으로 삼는 것과 그들
이 숭상하는 말들을 스승으로 삼으니, 급기야 캄캄한 곳으로
내몰리게 되어, 수양하지 않아도 성인에 이를 수 있으며 배
우지 않아도 대도大道를 알 수 있다고 주장한다. 그러므로 성

인의 마음도 알지 못하면서 벌써 그 자취를 따를 필요가 없다고 하고, 또 군자의 뜻을 보지도 못하면서 이미 그 글을 받들 필요가 없다고 하니, 이것이야말로 인륜이 보살펴지지 않고 모든 사물[의 이치]가 밝혀지지 않고 정치가 태만해지고 덕이 혼란해지는 까닭이다. 이단의 말들이 귀에 가득 들려도 윗사람은 예로써 그 거짓을 방비하려 하지 않고, 아랫사람은 배움으로써 그 폐단을 살피려들지 않는다. 예로부터 내려오는 간사한 말들이 꼬리를 물고 일어나 모두 한결같이 석가의 문하에서 나온 지 1,500년이나 되었다. 스스로 홀로 서더라도 두려워하지 않고, 한결같이 스스로 믿으면서, 남보다 훨씬 뛰어난 재주를 갖고 있지 않고서야 어찌 그 사이에 바로 서서 그들과 더불어 시비를 다투고 득실을 따질 수 있겠는가?

석가가 실제實際라고 말하는 것은, 바로 도를 아는 자가 말하는 성誠이요 천덕이다. '실제'와 관련된 그의 말을 보면, 그는 곧 인생을 환상과 허망함으로 여기며, 유위有爲를 쓸데없는 혹으로 생각하고 또한 세계를 그늘지고 혼탁한 것으로 여긴다. 그래서 마침내 [이러한 것들을] 싫어하고 소유하지 않으려 하며, 빠뜨리고 간직하려 하지 않는다. 가령 그것을 얻게 되더라도 성실해서 밝아지는 것을 싫어한다. 그렇지만 유학자들은 밝아짐에서 성실해지며, 성실함에서 밝음에 이르니, 하늘과 사람이 하나로 합쳐지는 것이다. 학문을 통해 가히 성인이 될 수 있으며, 하늘을 얻더라도 처음부터 사람을 배제하지 않는다. 이것이 《주역》에서 "배제하지 않고 흘러가 지도 않고 지나치지도 않는다"고 한 것이다. 저들의 말은 옳은 듯 보여도 우리 유학과는 근본이 다르며, 귀결점도 다르다. 도라는 것은 하나뿐이어서 이것이 옳으면 저것이 그르고, 이것이 그르면 저것이 옳은 것이니 본래 함께 논할 수 없는 것이다. 그 말은 평계로 흘러 [정도를] 지키지 못하며, 큰 것을 궁구하면 음란해지고 미루어 행함에 치우침이 있고, 자세히 파고들어가면 사악하다. [불교 계통의] 어떤 책이든 구해서 읽어보면 이러한 폐단을 무수히 많이 발견할 수 있을 것이다. 대체로 낮과 밤, 음과 양[의 이치]를 알면 성명性命을 알게 되고, 성명을 알면 성인도 알고 귀신도 알게 된다. 저들은 직접 태허를 말하고자 하나 낮과 밤, 음과 양으로 인해 마음이 불편해지는 것을 원치 않으니 이것은 역의 이치를 알지 못하는 것이다. 역의 이치를 알지 못하면 낮과 밤, 음과 양의 누를 피하려 해도 피할 도리가 없다. 역의 이치도 알지 못하면서 어찌 진제眞際를 말할 수 있겠는가? 진제를 버려두고 귀신만 이야기하는 것은 망령되다. 이른바 '실제'를 저들은 말만 할 뿐 처음부터 마음으로 이해하지는 못했다.

《주역》에서는 "처음을 근원으로 하여 끝으로 돌아간다. 그러므로 생사의 이치를 알게 된다"고 했다. 처음을 근원으로 해서 [사람이] 태어나는 것을 알면 필연적으로 그 끝을 구해서 죽음도 알게 된다는 것을 말해주는 것이다. 이것이 바로 공자가 계로季路의 물음에 숨김없이 직접적으로 대답한 바이다.

본체[體]란 한쪽으로 치우치지 않는 것이니 방향도 없고 몸체도 없다. 낮과 밤, 음과 양에 편벽된 것이 물物이다. 도는 몸체를 겸해도 누가 없다. 몸체를 겸했기 때문에 한 번은 음이 되고 한 번은 양이 된다 하고, 음양은 헤아릴 수 없다 하고, 한 번은 열리고 한 번은 닫힌다 하고, 또 낮과 밤을 관통한다 했다. 미루어 행하는 것을 도라 하고, 헤아릴 수 없는 이치를 신이라 하며, 생생生生의 원리를 역이라 한다. 사실은 한 가지이나 일에 따라 이름을 달리 붙인 것이다.

하늘의 덕성은 허하여 잘 감응하는 것이다. 그 감응은 생각과 총명으로 구해지는 것이 아니기 때문에 신이라 일컬어진다. 노자가 신을 골짜기에 비유한 것은 바로 이 때문이다.

태허란 기의 본체이다. 기에는 음양이 굽히고 펴고 하여 서로 감응하는 작용이 무궁하며, 신이 응하는 것도 무궁하다. 그 흩어짐이 무수하므로 신의 응함 또한 무수하다. 무궁하나 사실은 담연湛然[133]하고, 무수하나 사실은 하나일 뿐이다. 사람들은 음양의 기가 흩어져 만 갈래로 갈라지면 그것이 하나임을 알지 못하며, 합쳐져 한 덩어리로 있으면 그 다름을 알지 못한다. 형체가 모이면 사물이 되고 형체가 무너지면 원 상태로 돌아간다. 원 상태로 되돌아가는 것은 바로

'떠돌아다니는 혼[遊魂]'이 변화하기 때문이다. 이 변화란 모이고 흩어지며, 있고 없어짐을 말하는 것으로, 반딧불이나 참새의 변화처럼 전신前身과 후신後身을 가리켜 말하는 것이 아니다.

남[物]을 유익하게 하는 것을 정성스럽게 하면 하늘이 만물을 낳는 것과 같아서 날마다 진보하고 날마다 불어나게[息] 된다. 자신을 유익하게 하는 것을 정성스럽게 하면 냇물이 흐르는 것과 같아서 날마다 더하고 날마다 얻는 것이 있다. 그것을 사람들에게 망령되게 베풀고, 그것을 배우는 데 힘쓰지 않고도 자신을 유익하게 하고 또한 남[人]도 유익하게 하기는 어렵다.《주역》에서 "익益은 오래고 넉넉하여 한계를 세우지 않는다"고 했으니, 진실로 믿을 만한 말이다.

장차 자신을 수양하고자 하면 반드시 먼저 스스로 몸가짐을 중후하게 해야 한다. 중후함을 배워 알면 곧 덕이 진보하여 고루해지지 않을 것이다. 충忠과 신信으로써 덕으로 나아가는 것은 오로지 친구를 존숭하고 어진 이와 서둘러 친하는 일에 달려 있다. 나보다 더 나은 사람과 친구가 되는 데는 과거의 허물을 고치는 일만 한 것이 없다.

동명東銘: '장난기 있는 말'[농담]은 생각에서 나온 것이고, 희롱하는 행동은 꾀에서 만들어진 것이다. 소리에서 나오고 사지四肢[즉 몸의 행동]로 나타나는 것인데도 자기 마음에서 나온 것이 아니라고 말한다면 현명하지 못하다. 또 다른 사람들로 하여금 자신을 믿도록 하는 것도 불가능하다. 지나친 말은 [진실된] 마음에서 나오지 않고, 지나친 행동은 정성[된 마음]에서 나오지 않는다. 그러나 소리에서 잘못이 빚어지고 사지가 얽어매며 미혹되게 하는데도 자기로서는 당연하다고 말한다면 이는 스스로를 속이는 것이며, 또 다른 사람이 자기[견해]를 따르도록 하고자 한다면 이는 남을 속이는 것이다. 어떤 사람은 마음에서 나온 것들의 잘못을 단지 자기의 희롱의 잘못으로 여기고, 생각의 실수에서 나온 것을 스스로 속여 자기의 성실함으로 여겨버린다. 그래서 그러한 잘못이 자신에게서 나오는 것임을 경계하지 못하고서 오만을 키우고 비행을 저지르니 누구의 폐단이 이보다 더 심할 것인지 알 수가 없다.

해제

유물론 혹은 유심론?
장재 기론의 이중 구조

1. 장재의 생애와 문제의식

어떤 사상에 접근할 때는 반드시 그 사상이 태어난 구체적인 역사적 상황과의 연관성 속에서 살펴보아야 한다. 그래야 그 사상의 특징을 좀 더 정확히 이해할 수 있다. "이론은 역사적 과정의 한 요소이고, 그 의미는 항상 일정한 역사적 상황과의 연관성 속에서만 규정된다"고 하지 않았던가.[134] 시공간의 틀을 갖고 있는 역사적 상황이 어떤 사상 체계를 이해하는 데 얼마나 중요한 요소인지 우리는 쉽게 짐작할 수 있다. 그리고 역사적·사회적 배경이 없는 사상이란 존재하지 않으며, 존재할 수도 없음을 잘 알고 있다. 장재의 기론氣論 역시 마찬가지다. 역사적 실존 인물인 장재의 생애와 11세기 중국 사회의 구체적이고 총체적인 모습, 그리고 장재가 당시 사회 속에서 직접 체험하고 고민한 문제, 바로 이러한 것들이 장재의 기론을 정확하게 이해하는 데 길잡이가 될 것이다.

장재의 생애를 전하는 기록들은 비슷한 비중을 지닌 다른 학자들에 비해 매우 미미한 편이다. 게다가 각 자료의 내용이 일치하지 않고 또 인용하는 이들마다 편의대로 부분적으로 인용한 탓에 빚어진 오해도 상당하다. 따라서 몇몇 자료를 종합적으로 검토하여 장재의 생애를 재구성해보는 것은 분명 의미있는 작업이 될 것이다.

장재의 전기적 사실들은 여대림呂大臨(1040~1092)의《횡거선생행장橫渠先生行狀》(이후《행장》으로 줄여 부른다)과《송사宋史》권427 〈열전列傳〉의 '장재' 부분, 그리고《송원학안宋元學案》,《이락연원록伊洛淵源錄》 등에 기술되어 있다.135 이 중《행장》과《송사》는 가장 신빙성 높은 장재 전기 자료로 인정받고 있다. 그런데《송사》는 여대림이 지은《행장》에 바탕을 둔 것인데 내용이 세밀하지 못하고 특히 생략이 심하다. 그러므로 장재의 가장 기본적인 전기 자료로 여겨지는 것은 여대림의《행장》이다. 이《행장》을 기본 줄기로 하고 다른 자료들을 참고해서 장재의 생애를 재구성해보자.

(1) 학업 시기

장재는 1020년에 태어나 1077년에 죽었으며, 자字는 자후子厚이다.136 그의 고향에 대해서는 여러 설이 전해진다.《송사》〈열전〉에서는 장안長安 사람이라 했고,《행장》에서는 대량大梁 사람이라 했다. 이와 같은 혼란에 대해서 장대년張岱年

이 비교적 소상하게 해명한 바 있다. "장재는 원적은 대량이고 출생지는 장안이며, 봉상미현鳳翔郿縣 횡거진橫渠鎮에서 오랫동안 살았다."[137] 즉 장재의 조상들은 대대로 대량에서 살았으나, 장재 자신은 장안에서 태어나 횡거진에서 오랫동안 살며 학문을 가르쳤다. 그래서 당시 사람들은 그를 '횡거 선생'이라 불렀다.

그의 가까운 조상 가운데 증조부까지는 별다른 관직 생활을 하지 못한 것으로 보인다. 장재의 증조부는 당唐나라 말기부터 오 대에 걸쳐 살았으나 관직에 나아가지 못했다. 비록 미관 말직이기는 하지만 장재의 조상이 처음으로 관직에 오른 것은 조부 복復에 이르러서다. 즉 그의 가계는 당나라 초기, 지식이 대중적으로 보급되고 사회가 격변하면서 새로이 등장한 신흥 사대부 계층에 속했다. 주목할 만한 사실 하나는, 조부 대에 와서 그의 가문이 당시 명문 세도가였던 하남河南의 정씨程氏 가문과 인척 관계를 맺게 된다는 것이다. 즉 장재는 이정二程 형제(정호, 정이 형제)의 아저씨뻘이 된다. 보잘것없는 지방 신흥 사대부 가문 출신으로서, 상당히 진보적인 정치관을 갖고 나름대로 서민의 권익 옹호를 위해 애썼던 장재가 다른 한편 명문 세도가와 끊임없이 교유하며 그들을 동경하기도 했던 것인데, 이는 그의 사상과 처세에 큰 영향을 미친다.

후일 왕안석王安石(1021~1086)의 신법당新法黨과 사마광司馬

光(1019~1086)을 중심으로 한 구법당舊法黨 간에 알력이 생겼을 때 장재는 기본적으로 체제 고수를 주장하는 구법당의 입장을 따랐지만, 당시 이정을 비롯한 대부분의 유학자들이 결사적으로 신법당을 반대한 것과는 달리 어느 쪽에도 결사적인 지지나 반대의 뜻을 표시하지 않는다. 이러한 태도는 장재를 비롯한 대부분의 '관중關中 지역 유학자'(통상 '관학파關學派'라 불린다)들에게서 공통적으로 나타난다. 한편 사상에서 장재는 병법과 자연과학적 연구를 소중히 여기는 객관적·진보적 성향을 보여주기도 했지만, 하·은·주 3대의 이상 정치 회복과 주대 봉건제 회복을 주장하는 보수 회귀론의 대표자이기도 했다.

부친 적迪은 인종조에 전중승殿中丞, 지주사知州事를 역임했고, 나중에 상서도관낭중上書都官郎中에 추증된다. 그가 배주涪州의 관사에서 순직했을 때 장재의 나이는 불과 십몇 세였다. 동생인 장전張戩 또한 어렸으므로 장재의 가족은 멀리 떨어진 고향으로 돌아가지 못하고 가까운 횡거진에 자리 잡아 살게 되었다. 이러한 여건 속에서 장재는 어려서부터 자립할 수밖에 없었으며, 이 같은 자립심은 그의 사상 형성에도 중요한 역할을 한다. 당시 대부분의 학자들이 정통 유가 경전에만 천착하여 전 시대 사람들의 학설을 맹종한 데 비해 장재는 비교적 자유롭고 폭넓은 독서를 했으며, 몇십 년간의 고심 어린 탐구를 통해 스스로 체득한 바가 많았던 것이다.

그러므로 장재 사상을 연구하는 학자들은 대부분 그의 사상을 '고심苦心', '역색力索', '정사精思' 등의 말로 설명한다.[138] 이러한 이유로 장재의 기론에서는 다른 학자들에게서 볼 수 없는 합리성과 독창성을 엿볼 수 있으며, 특히 자연관에서는 당시로서는 놀랄 만한 수준인 자연과학적 성과들까지 엿볼 수 있다. 장재는 조숙하여 어려서부터 많은 책을 탐독했는데, 그중에서도 병법에 관한 책을 특히 좋아했다. 한때 그는 초인焦寅 등과 교류하며 병법을 의논하기도 했고, 사람들을 모아 서하西夏에게 빼앗긴 조서洮西 지역을 회복하고자 노력하기도 했다. 뒤에서 장재 당시의 시대상을 좀 더 자세히 살펴보겠지만, 장재의 이러한 시도는 11세기에 중국이 처했던 외환外患과 굴욕적인 외교 조약들을 생각해보면 쉽게 이해할 수 있다. 장재가 오랫동안 거주한 횡거진은 바로 서하 국경 지역이었다. 이러한 지리적 여건과 당시의 역사적 상황이 혈기 왕성한 장재로 하여금 병법에 관심을 갖게 했던 것이다. 병법은 바로 자연과학과 직결되는 것으로서 특히 천문학과 밀접한 연관이 있다. 그러므로 장재가 어릴 적 병법에 큰 관심을 기울였다는 것은 그가 당시의 자연과학적 성과들에도 익숙해 있었음을 말해준다. 장재 기론의 자연관은 당연히 당시 최고 수준의 자연과학적 성과(특히 천문학 분야)들을 인용하고 있는데 이 점은 《정몽》에 잘 나타나 있다.

당시 서북 변방 서하의 세력이 점점 강성해져서 국경 지역을 자주 침범해옴에 따라 중앙 정부는 이에 대한 대비책에 골몰했다. 이러한 배경에서 1040년, 당시 대학자이자 명재상이던 범중엄范仲淹(989~1052)이 민심 수습과 군대 정비를 위해 서북방 연주延州에 부임하게 된다. 이때 21세였던 장재는 서하에 점령당한 조서 지역을 수복하여 공을 세우고자 범중엄에게 글을 써서 올렸다. 그러나 그의 그릇이 큰 것을 알아본 범중엄은 "선비란 명교名敎(인륜의 명분을 밝히는 교훈)를 즐거움으로 삼는 법인데 어찌하여 병법을 일삼으려 하는가?"라고 꾸짖으며《중용》을 읽을 것을 권했다. 이에 장재는《중용》을 여러 번 읽었으나 만족하지 못하고 다시 불가와 도가의 학설을 수년간 탐구했으며, 이로써도 깨달음을 얻지 못하자 다시 유가의 전통 경전인 육경六經[139]을 연구했다. 훗날 장재 사상의 주요 부분이 되는 불가와 도가 사상에 대한 풍부한 비판은 바로 이러한 사상 편력에서 비롯되었다.

(2) 현실에 발 디딘 유가적 이상 정치의 꿈

1057년 38세 때 장재는 정호(1032~1085), 소식蘇軾(1036~1101), 주광정朱光庭(1037~1094) 등과 함께 진사에 급제하여 관직에 나가게 된다. 처음에 그는 기주사법참군祁州司法參軍에 임명되었고, 그 후에 단주운암현령丹州雲巖縣令으로 옮겨갔다. 운암현령으로 있을 때 장재는, '근본에 힘쓰고 풍속을 선하게 하는 것[敦本善俗]'을 정사政事의 우선으로 삼았다. 그는 매월 초하루에 술과 음식을 마련하여 마을 노인들을 관청 마당에 모셔놓고 친히 술을 권해, 사람들로 하여금 연장자와 노인을 봉양하는 뜻을 알게 했다. 또한 주민들에게 괴로움이 있으면 마치 자제를 훈계하듯이 그들을 훈계했으며, 알리고자 하는 바가 있으면 항상 글을 써서 여러 사람이 차례로 돌려보도록 했다. 그리고 이것이 주민들에게 전달되지 않을까 염려하여, 마을의 연장자들을 관청에 불러 자세히 깨우쳐줌으로써 명령이 마을에 두루 전달되도록 했다. 그러고 나서 나중에 용무가 있어 관청을 찾아오는 주민들이나 길에서 만난 사람들에게 그 명령을 들었는지 물어보았다. 만약 듣지 못했다고 하면 처음 명을 받은 사람에게 잘못을 따졌다. 그래서 한번 내려진 명령은 남녀노소를 불문하고 누구에게나 반드시 전해졌다고 한다.

48세 때에 장재는 위주渭州에서 군사판관軍事判官으로 있었다. 위수渭帥 채자정蔡子正(1014~1079)은 예를 존숭하는 사람으로 큰일이나 작은 일이나 모두 장재에게 자문을 구했고, 장재는 전심을 다해 정사를 도왔다. 당시 변방의 주민들은 항상 식량 부족을 호소했는데, 그는 관청의 창고에서 식량을 대여해주기도 했고, 그래도 부족하면 비축된 군량미로 구휼했다. 이러한 사실들은 바로 유가적 이상 정치를 꿈꾸면서도 동시에 그 현실적 발판을 떠나지 않은 장재의 경세經世 의식을 잘 보여주며, 또한 장재 기론의 주요 성격이 된다.

50세가 되던 1069년(희녕熙寧 2)에는 어사중승御史中丞 여공저呂公著(1018~1089)가 "장재에게 학문의 본원本源이 있으며 사방의 학자들이 그를 종주宗主로 삼는다"고 하며 그를 신종神宗에게 추천했다. 마침 신종은 나라의 온갖 제도를 혁신하기 위해 재주 있고 사리에 밝은 선비들을 등용하려 하고 있었다. 신종이 불러 통치의 도리를 묻자 장재는 "정치를 함에 있어 마땅히 하·은·주 3대를 본받아야 한다"고 대답했다. 이에 황제는 기뻐하여 그를 중용하려 했으나, 장재는 외직에서 조정으로 들어온 지 얼마 되지 않아 황제가 추진하는 신정新政을 잘 알지 못하므로 얼마간 말미가 필요하다면서 이를 사양했다. 신종도 이에 동의해, 그에게 숭문원교서崇文院校書를 제수했다. 당시 조정에서 집권하고 있던 왕안석 역시 장재에게 신정에 참여할 것을 요청했다. 그러나 장재는 "그대가 다른 사람들과 더불어 선을 행하고자 하여 윤리·도덕의 일에 힘을 쏟는다면 사람들이 그대와 함께하기를 원할 것입니다. 그러나 옥을 다듬는 공인에게 다듬는 방법을 이렇게 저렇게 가르치고자 한다면 아무도 그대의 말을 듣지 않을 것입니다"라고 하며 정중히 거절했다. 이후 왕안석과 의견 대립을 벌이는 일이 잦아짐에 따라 그는 점차 왕안석의 반감을 사게 되었고, 명주明州 묘진苗振에서 범죄가 발생하자 왕안석은 급기야 장재를 파견하여 사건을 무마하게 한다. 1070년에 사건이 모두 무마된 뒤에야 장재는 조정으로 돌아온다. 그러나 형보다 일찍 과거에 급제하여 감찰어사로 재직하고 있던 아우 장전이 왕안석의 신법에 반대하여 왕안석의 잘못을 비판하다가 사죽감司竹監으로 좌천되자, 장재 자신도 불안한 마음을 못 이겨 관직을 사직하고 고향 횡거진으로 돌아간다.

북송의 사회 모순과 민족 위기에 많은 관심을 기울였으며, 또 쓸모 있는 학문을 주장하며 현실 사회의 문제를 해결하는 데 진력했던 장재가 왜 왕안석의 신정 참여 제의를 거절했을까? 한마디로 왕안석의 공리적功利的 입장에 반대했기 때문이다. 공자 이후 유가에는 정치·윤리 면에서 거의 불변의 법칙이라 할 만한 것이 존재해왔다. 이른바 "이익을 보고 의로움을 생각한다"[《논어》〈헌문〉]는 것이 바로 그것이다. 그러므로 장재가 보기에 왕안석의 공리적 입장은 정통을 벗어난 잘못된 주장으로 여겨졌던 것이다. 장재의 정치 사상의 근본 한계이자 또한 왕안석을 비판했던 대부분의 학자들의 가장 큰 잘못이 바로 사회의 실제 문제에서 출발해 모순을 타개할 적절한 대처 방안을 강구하지 못하고, 유가의 옛 경전들 속에서만 관습적으로 해답을 구했다는 것이다. 그러므로 장재의《행장》을 지은 여대림은 장재의 정치적 입장을 한마디로 '복고復古'라 표현한다. 실제로 장재가 이상적으로 생각한 정치 방식은 형식적인 면에서조차 주周대의 모범을 따르는 것이었다. 즉 그의 정치관은 대부분《주례周禮》에 바탕을 두고 있다. 그러므로 구법당을 이끈 사마광은 "장재의 평소 마음 씀씀이를 곰곰이 생각해보니, 그는 요즘 사람들을 3대의 예로 회복시키려 했으며 한漢·위魏 이래의 예법은 조금도 본받지 않았다"[140]고 지적했다. 장재는 진秦나라 이후의 중앙 집권 체제에 큰 불만을 품고 서주西周 시대의 봉건 제도를 회복해야 한다고 주장했으며, 이에 상응하여 종자宗子를 중심으로 한 고대의 종법宗法 제도를 강조했다. 그리고 경제에서는 당시의 토지 겸병 문제에 대해 균평均平을 주장했으며, 이 균평제의 구체적인 방안으로 《주례》에 따라 정전제井田制를 실행할 것을 주장했다. 또한 당시의 사형 제도를 없애기 위해 육형제肉刑制 부활을 제안했다. 이러한 일련의 일들로 미루어, 장재의 경세 의식은 원칙주의, 이상주의에 입각한 복고적 성격을 띠고 있긴 하지만 나름대로 그가 현실 사회의 모순을 해결하기 위한 실천적 태도를 지니고 있었음을 엿볼 수 있다.

1077년 봄 58세 때 그는 여대방呂大防(1027~1097)[141]의 추천으로 다시 조정에 나가게 된다. 이때 그는 병이 깊었으나, 성군聖君을 기다리는 마음으로 지태상예원知太常禮院을 제수받는다. 그가 예원에 재직하고 있을 때 어떤 이가 관혼상제의 예의 실행을 건의하자 조정은 예관들에게 이를 시행하라는 조서를 내렸다. 이때 예관들은 고금의 풍속이 다르다는 이유로 실행을 거부했으나, 장재만은 실행할 수 있다는 확신을 갖고서 다른 이들이 유생儒生과 박사博士답지 못하다고 꾸짖었다. 또 장재는 교묘郊廟에서 사람들의 예의범절이 엄숙하지 못하다며 이를 시정하려 했는데 동조하는 이가 아무도 없었다고 한다. 여기서 우리는 장재 기론의 근본 성격을 읽을 수 있다. 즉 부분적으로는 자연과학적 성과들을 인용하기도 하며 음양, 신화神化 등 중국철학의 전통적 개념으로는 상당히 진보적인 우주론을 펼쳐 보이기도 하지만, 역시 복고적·보수 회귀적 성향을 갖고 있다는 것이다. 이러저러한 사정으로 그해 겨울 다시 관직을 그만두고 고향으로 돌아가던 장재는 고향 부근 임동臨潼의 객사에서 삶을 마감한다.

(3) 외침의 위기와 실천적 이상주의

송대 이후의 사회가 근세인가 중세인가 하는, 시대 구분을 둘러싼 논쟁이 있기는 하지만, 송 이전의 사회와 이후의 사회가 정치·경제·사회·문화 등 전반에 걸쳐 뚜렷이 구분되는 특징을 지녔음은 중국사 연구자들의 일반적인 견해다.

장재가 활동하던 11세기에 중국은 대내적으로 엄청난 번영을 누리고 있었다. 당과 달리 송은 제국의 모든 조세 수익을 직접, 엄밀하게 통제했다. 여기에다 일반적인 경제 성장이 더해져 11세기 초에 정부 수입은 당唐대 최고 전성기 때보다 세 배나 증가했으며, 이로 인해 막대한 잉여 재정이 축적되었다. 그리하여 11세기에 중국의 인구는 최고 1억까지 이르게 된다. 9세기와 10세기에 당의 질서가 와해됨에 따라 나타난 변화는 더욱 가속화되었고, 새로운 생활 양식이 틀을 갖춰가기 시작했다. 특히 수隋대에 대운하가 개통된 뒤 중국 경제는 대운하를 중심으로 움직이게 되었다. 인구와 물건들이 대운하 근처로 몰려들면서 자연히 이곳에 거대한 도시들이 발달하게 되었다. 북송의 수도 개봉開封이 황하와 운하의 교차점 부근에 자리 잡은 데도 이처럼 지리적인 이유가 크다. 그리고 이 시기에는 활판, 인쇄 등의 사용이 상류층에서 일반화되면서 서적 보급이 크게 늘어났고, 결과적으로 이것은 지식을 대중화하는 데 크게 기여했다. 이러한 지식의 확산은 지식인 관료인 신흥 사대부가 등장하는 데 중요한 요인으로 작용한다.

송대 사회가 안고 있던 최대의 고민은 바로 외환이었다. 송은 건국 초부터 북방의 요遼와 대립하는 불안정한 상태에 있었고, 이후 계속 외환에 시달리다 결국은 수도를 비롯한 북쪽 지역을 금金에게 넘겨주고 새로운 남송 시대를 열게 된다. 이처럼 끊임없는 외환에 직면한 당시 중국의 지식인들은 한漢 민족 중심의 민족주의적 경향을 띠게 된다. 당시 대부분의 유가 사상가들이 그토록 도가와 불가의 사상을 배척하고 유가 사상의 부흥을 꾀한 이유를 바로 이러한 민족주의적 경향에서 찾을 수 있다. 1004년, 송은 요와 매우 굴욕적인 조약을 체결한다. 그리고 1044년에는 서하西夏에 매년 일정량의 은과 비단을 세폐歲幣로 바치기로 하고 평화를 약속받았다.

이러한 조약이 오히려 송에게 이익이 되었다고 보는 역사학
자들도 있지만, 어쨌든 이러한 조약은 중화사상에 물들어 있
던 당시 중국의 지식인들에게는 커다란 충격이자 굴욕이었
을 것이다. 우리는 이러한 시대 배경에서 바로 장재의 문제
의식 하나를 찾아낼 수 있다. 훗날 장재가 병법을 공부해 잃
어버린 땅을 수복하고자 애쓰며, 병법 등에 실제로 이용될
수 있는 자연과학적 연구를 중시한 것, 그리고 이러한 경향
이 다분히 가미된 기론을 전개할 수 있었던 것도 이러한 시
대 상황과 밀접한 연관이 있다. 장재의 이러한 학문적 경향
은 장재 이후 관중關中 지역의 유학자들(관학파關學派)에게서
거의 공통적으로 나타난다.

그리고 장재를 비롯한 송대 사대부들의 사상을 제대로 이
해하기 위해서는 반드시 경력經歷 연간(1041~1048)의 사회
상을 살펴볼 필요가 있다. 이 시기에 바로 범중엄을 위시하
여 손복孫復(992~1057), 호원胡瑗(993~1059), 석개石介(1005~
1045), 구양수歐陽脩(1007~1072), 한기韓琦(1008~1075), 이구李
覯(1009~1059) 등 일군의 유학자들이 정학正學 운동을 일으키
기 때문이다. 이들은 불가와 도가 사상이 현실 사회의 문제
를 해결할 수 있는 구체적인 방안을 제시하지 못한다며 비판
할 뿐만 아니라, 유가에 대해서도 한당 유학의 주소학적注疏學
的 방법을 비판한다.[142] 비판의 근거는 첫째, 그것이 내면적·
사상적으로 경전 해석의 통일을 이루지 않은 채 단순히 과

거 시험의 교본이나 사상적 통제 수단으로만 이용되어왔다는 것이고, 둘째, 새로이 지배층으로 등장한 사대부층이 송대 사회의 시대적 요청에 적절히 부응하지 못했다는 것이다. 이들이 추구한 새로운 이상은 송대 문신 관료 지배 체제 확립, 비약적으로 발전한 경제 규모에 대한 효율적 운영, 그리고 서민적인 신문화의 보급 등, 이른바 '근세적' 사회에 적합하고 도움이 될 수 있는 차원에서 방향을 설정할 수 있어야 했다. 당시 사대부층이 요청한 유학은 바로 송대의 현실 사회에 대응할 수 있는 지도 원리를 이끌어내는 창조적 해석학이어야 했다. "참된 사대부는 천하 사람들이 걱정하기 전에 먼저 걱정하고, 천하 사람들이 즐거워한 후에 즐거워해야 한다"[《범문정공집范文正公集》〈악양루기岳陽樓記〉]는 범중엄의 말은 이러한 실천주의적 이상주의의 기풍을 잘 드러내준다. 이러한 사상은 또한 "천지를 위하여 뜻을 세우고, 백성을 위하여 도를 세우고, 옛 성인을 위하여 학문을 이어받고, 만세를 위하여 태평성세를 연다"[143]고 한 장재 기론의 최고 이상 속에서도 그대로 이어지고 있음을 엿볼 수 있다. 즉 정학 운동은 송대 신유학의 선구로서 이후 많은 영향을 끼친다. 범중엄이 장재에게 한 이야기의 요지도 결국은 정학 운동의 슬로건과 같은 것이며, 《중용》은 이러한 취지에서 가장 좋은 교재로 소개되었을 것이다.

《송원학안》은 "범중엄은 일생 동안 순수했던 사람으로서 장재를 인도하여 성인의 경지에 들어가게 하는 데 큰 공로가 있었다"고 설명하며, 장재를 범중엄의 문인門人으로 취급한다. 그러나 범중엄이 장재에게《중용》을 읽으라고 권유했다 하여 장재의 학문이 범중엄의 문하에서 나왔다고 하는 것은 견강부회라 할 수밖에 없다. 범중엄은 장재를 정식으로 제자로 받아들인 적이 없으며, 장재 또한 범중엄에게서 체계적으로 학문을 배운 바가 없다.

장재 기론은 정통 유가 경전인 육경을 중심으로 한 고전에 대한 폭넓은 이해와 장재 자신의 고심 어린 사색의 결과이다.

2. 장재 철학과 관학파

장재가 죽은 뒤에 관중 지역의 선비들은 그의 덕을 기려 그를 횡거 선생이라 부르며 그의 학문을 추종한다. 이러한 일군의 학자들을 '관학파'라는 특색 있는 학파로 구분한다. 관학파는 '이학理學 사상 4대 계보'의 하나로 불릴 만큼 당시에는 큰 세력을 이루었다.《송원학안》중 〈횡거학안橫渠學案〉과 〈여범제유학안呂范諸儒學案〉, 그리고 풍종오馮從吾의《관학종전關學宗傳》등의 기록에 따르면, 장재의 주요 제자는 여대충呂大忠, 여대균呂大鈞, 여대림 삼형제와 소병, 범육范育, 설창조薛昌朝 등이며, 장재에게 잠깐이라도 수업을 받았던 제자로는 종사도種師道, 유사웅游師雄, 반증潘拯, 이복李復, 전유, 소언명邵彦明, 장순민張舜民 등이 있고, 장재의 학문을 익힌 사람으로는 조설지晁說之와 채발蔡發이 있다. 관학의 대표자 장재가 특별한 사승師承 관계를 맺지 않았듯이, 관학에는 특별한 연원이 없다. 학자들 개개인의 지리적 환경, 역사적 배경, 개인적 체험들이 어울려 생겨났을 뿐이다. 이것은 또한 장재 사후에, 그의 사상이 발전적으로 계승되지 못하고 관학파가 급격히 몰락하게 된 주요 원인이기도 하다. 관학은 다른 이학 학파들과 비교해볼 때 주목할 만한 특징을 지니고 있다. 이러한 특징은 장재 개인의 학문 경향을 살펴보는 데도 필요한 것이지만, 송대 이학을 전체적으로 개관하는 데도 필수적인 것이다. 이제 관학의 몇 가지 특징을 살펴보자.

첫째, 관학은 배움에서 치용致用의 정신을 귀하게 여긴다. 장식張栻은 "경사經史에 종사할 때 실용을 귀히 여기고 허위를 경계해야 한다"고 했으며, 장재 또한 이정과의 문답 편지에서 이렇게 말하고 있다.

그대는 나에게 "관중의 선비들은 학문을 하면 정치에 이르고, 정치를 논하면 예악과 병형兵刑의 학문에 이르게 되니 '좋은 학문'이라고 할 만하다"고 말했다. 이에 대해 나는 "진실로 그러한 것 같다. 뜻은 크되 명예를 위하지 않으며, 학문을 하되 실용을 귀하게 여긴다"라고 대답하겠다.144

관학의 치용 정신은 병법 연구와 정전제 연구에서 잘 드러난다. 관중은 서하와 접한 국경 지대였기 때문에 이 지역의 학자들은 자연 병법을 중시했다. 앞에서 보았듯이 장재 또한 청년 시절에 병법을 익히고 사람들을 모아 잃어버린 땅을 회복하려 했다. 여대균도 정전제와 병법을 연구했고, 치도治道는 반드시 정전제와 병법을 중심으로 삼아야 한다고 보았다. 특히 그는 지도책[圖籍]을 만들기까지 했다. 그 밖에 범육, 유사웅, 이복 등도 모두 병법을 익혔다. 특히 유사웅은 서하와의 전쟁에 직접 참여해 공을 세웠고, 이복은 1128년 진주秦州에서 금나라에 대항해 싸우다가 순국했다. 이러한 점들은 당시의 일반 유학자들과는 확연히 다른 실천적 태도로서, 명말明末 이후의 실학적 학풍과도 통하며 관학과의 이론 형성에도 중요한 역할을 하게 된다.

둘째, 관학은 자연과학적 연구를 중시했다. 장재는 자신의 우주론을 단지 형이상학적 사변으로만 설명하는 것이 아니라, 당대 최고의 천문학적 지식을 동원해 설명한다. 특히 그의 《정몽》은 송대 천문학의 결정체라고 할 만큼 아주 뛰어난 우주론을 전개해 보인다. 이러한 점은 관학의 다른 학자들에게서도 공통적으로 나타난다. 이복 역시 천문과 역법에 깊은 관심을 기울이고, 참위설讖緯說 같은 신비주의적·미신적 요소를 지닌 사상에 적극 반대한다.

셋째, 관학은 직접 예교禮敎를 실천하며 유가의 입장에서 불가와 도가 사상을 비판한다. 장재를 비롯한 대부분의 관학파 학자들은 유가 사상을 보호하고 불가·도가 사상을 비판하는 것을 자신들의 사명으로 삼았다. 그들은 실제 삶에서 공개적으로 불가·도가와 대립했을 뿐만 아니라, 이론적인 면에서도 불가·도가의 많은 관점에 비판을 가했다. 그러나 관학 또한 어쩔 수 없이 시대 사조였던 불가·도가의 사상을 받아들이게 된다.

관학은 장재 사후에 급격하게 쇠퇴의 길로 접어든다. 여씨 삼형제, 소병, 반증 등 장재의 대표적인 제자들은 대부분 이정의 제자로 변신했으며, 특히 《행장》을 쓴 여대림은 '정씨 문하 네 선생[程門四子]'의 하나로 불릴 만큼 변신에 성공한다. 이러한 성공 뒤에는 앞서 언급했던 것처럼 장재의 학문적 근원을 이정에게서 끌어오는 무리수도 생겨났다. 이복, 유사웅 같은 이들은 여전히 장재의 제자이기를 고집했지만 역량 있는 학자들이 그 뒤를 이어주지 못했으며, 정치적 환경 등 여타의 불리한 여건 속에서 남송대에 이르면 관학은 거의 자취를 감추고 만다. 관학의 몰락은 곧 장재 기론의 쇠퇴를 의미하는 것이기도 하다. 장재 사후에 그의 사상은 주로 이정과 주희 계열의 학자들에 의해 그들의 시각에서 인용되고 해석되었다. 〈서명〉 같은 사변적 저술은 그토록 찬양하면서도 〈서명〉이 원래 속해 있던 《정몽》의 자연과학적 연구 성과들은 한갓 불만의 근원으로 돌리는 것이 대표적인 경우다. 후대에 와서 주희의 학문 방향이 모든 학자들의 모범으로 제시될 때 장재 기론에 대한 왜곡은 더 심해진다. 후대 학자들이 장재를 '북송의 네 선생[北宋四子]'으로 떠받들며《성리대전性理大全》,《근사록近思綠》같은 과거 시험 필독서에 그의 저작을 발췌, 인용하기도 하지만, 이러한 자기중심적인 부분 인용이 결국은 장재 기론에 대한 특정 시각을 고정 관념으로 만드는 계기가 된다. 이것은 오늘날에도 마찬가지다. 중국의 유물론 철학자들은 자신들의 세계관에 맞춰 가능한 한 장재를 유물론자로 조명하려 하며, 따라서 장재의 기론도 자신들의 구미에 맞게 새로이 편집한다. 즉 물질, 관념이라는 단순 도식으로는 설명하기 힘든 기의 개념을 단지 유물론적 물질 개념으로 해석하는 것이다. 이 경우 당연히 〈서명〉 같은 사변적 작품은 비난의 표적이 되며, 이전 성리학자들이 불만을 품었던 자연과학적 부분들은 대단한 가치를 지니게 된다. 대만과 미국의 현대 신유학 계열의 학자들도 장재 철학 연구에서 중도를 벗어나기는 매한가지다. 이들의 기본 입장 역시 전통적 성리학자와 하등 다를 바가 없다.

우리는 이처럼 장재 기론을 평가하는 사람들의 시각이 상반된다는 사실에 주의할 필요가 있다. 즉 유물론자들은 자연관에 중점을 두고 장재 기론을 이해하려 하며, 반면 신유가 계열의 학자들은 심성론을 중심으로 장재 기론을 이해하려 한다. 그러므로 유물론자들은 기본적으로 장재 기론을 유물론으로 평가하며, 현대 신유가 계열의 학자들은 장재 기론을 송명심성학宋明心性學의 선구로 보려고 한다. 이처럼 엇갈린 시각은 바로 장재 기론이 지닌 '이중 구조'[145] 때문이며, 이러한 이중 구조는 장재의 삶과 문제의식을 통해 자연스럽게 형성된 것이다.

3. 《정몽》의 체제와 기본 사상

(1) 《정몽》의 체제

1070년 숭문원교서를 사임하고 고향 횡거진으로 돌아온 장재는 육경을 열심히 탐독하며 강학과 저술 활동에만 전념한다. 장재는 일생 동안 상당한 양의 저술을 남겼으나 현재까지 전해지는 것은 일부뿐이다. 주희 등이 편집한 《근사록》, 조공무晁公武의 《군재독서지郡齋讀書志》, 조희변趙希弁의 《군재독서지부지郡齋讀書志附志》 등의 기록에 따르면, 장재의 저술로는 〈정몽〉 이외에도 〈서명〉, 〈동명東銘〉, 〈역설易說〉, 〈이굴理窟〉, 〈예악설禮樂說〉, 〈논어설論語說〉, 〈맹자설孟子說〉, 〈신문기信聞記〉, 〈횡거맹자해橫渠孟子解〉, 〈숭문집崇文集〉, 〈어록語錄〉, 〈제례祭禮〉, 《문집文集》 등이 있다. 그러나 송대 이후 많은 부분이 유실되었고, 명明 만력萬曆 연간에 심자창沈自彰이 남은 저술을 수습하여 《장자전서張子全書》를 간행했으나, 여기에는

〈서명〉,〈동명〉,〈정몽〉,〈이굴〉,〈역설〉과, 명대의 여남呂枏이 1526년에 편집한《장자초석張子抄釋》가운데 〈어록語錄抄〉,〈문집文集抄〉만이 수록되어 있을 뿐이다.

장재는 고향에 돌아온 후 7년 동안 오직 독서와 사색, 저술에만 몰두했다. 여대림의《행장》은 당시 장재의 생활을 이렇게 전한다. "온종일 한 방에 정좌하고서, 서적을 좌우에 놓고 머리를 숙이면 책을 읽고 머리를 들면 사색을 했다. 생각난 것이 있으면 곧바로 적었다. 때에 따라서는 한밤중에 일어나 앉아 촛불을 켜고 책을 읽는 일도 있었다. 선생은 도에 뜻을 두고 깊이 생각하는 것을 잠시라도 멈춘 적이 없었으며, 또한 잠시라도 잊은 적이 없었다." 이러한 고심과 정사의 결실이 바로《정몽》이다. 57세 되던 1076년 가을,《정몽》을 완성한 장재는 제자 소병에게 이렇게 말했다.

이 글은 내가 여러 해 동안 고심하여 얻은 것이다. 그러므로 앞 시대 성인의 말에 거의 부합될 것이다. 이것은 대요大要의 단서만을 뽑아 사람들에게 보여줄 뿐이다. 그러므로 학자들이 이를 따라 유추하기를 바라는 바이다. 이는 마치 고목과 같아서 나뭇가지는 많지만 윤택한 꽃과 잎사귀가 적은 것과 같다.146

소병은 장재의 말을 듣고 느낀 바가 있어서, 수만 자에 이르는《정몽》을 읽기에 편하도록 편篇으로 나눌 것을 스승에게 권했다. 이후 소병은 스승의 허락을 받고《논어》,《맹자》의 편차와 장구를 본받아 비슷한 글끼리 한데 모았는데, 이것이 바로 오늘날 전해지는《정몽》17편이다.[147] 장재는 소병이 작업한 편차에 대체로 수긍하고 직접 개정 작업을 하려 했지만, 그러던 중에 다시 중앙 정부의 부름을 받고 나가게 된다. 이렇게 해서 장재 자신의 개정 작업은 영원히 이루어지지 않게 되었다. 그런데 범육 등의 제자는 이러한 편차 작업에 찬성하지 않았다. 범육은 편차 작업이 오히려 원래의 내용을 해친다고 보았다. 즉 소병이 비슷한 내용끼리 글을 모았다고 하지만 사실은 그렇지 않다는 것이다. 현대에 와서도 풍우란馮友蘭을 비롯한 몇몇 철학자들이 범육의 견해에 동의하고 있다. 그러나 일부 학자들은 이러한《정몽》의 외적 형식이 나름대로 체계를 갖추고 있다고 보며, 심지어 그 외적 형식이 사상의 내용과 대체로 일치하는 데다 내적 논리와도 일맥상통한다고 주장한다.[148]

《정몽》은《장자전서》권2(1~8편)와 권3(9~17편)에 수록되어 있다. 대부분의 중국 고전이 그렇듯《정몽》역시 존재론(본체론, 우주론, 생성론), 인성론(심성론), 지식론(인식론), 윤리학 등이 뒤섞여 있는 잡문들이어서 체계적으로 정리하고 일관성 있게 연결하여 이해하기가 매우 어렵다. 17편의 각 편명들은 거의가 해당 편의 첫머리에 나오는 단어로서, 그 편의 전체적인 주제나 글의 성격을 말해준다. 이러한 방식으로 편명을 붙이는 것은 《논어》를 비롯한 다른 유가 저술에서도 일반적이다.

(2) 《정몽》의 우주론: 태허즉기론

ㄱ. 태화와 태허

장재는 '기일원氣一元'에 따라 천지만물의 실상을 설명하고자 하며, 또 이것을 기초로 인류까지도 설명하려 한다. 장재는 우주의 모든 현상이 기가 모이고 흩어지는 것에 따라 생겨나고 없어진다고 보았다. 그렇지만 기 자체가 무궁한 실재이며 이러한 기의 본체가 곧 태허라고 보아 '태허즉기太虛卽氣'를 주장한다.

그렇다면 이러한 장재 사상의 근거는 무엇일까? 과연 장재는 무엇에 기반을 두고 '기일원'의 사상을 전개한 것인가?

주돈이周惇頤(1017~1073)나 소옹邵雍(1011~1077)과 마찬가지로 장재 역시 《주역》 〈계사전繫辭傳〉의 문구, 즉 "역에 태극이 있으며, 태극이 양의[음양]를 생성한다"는 말을 자신의 우주론의 기반으로 삼는다. 그는, 여기서 말하는 태극이란 곧 기로서 그 밖의 아무것도 아니라고 생각했는데, 이는 아마도 "일음일양지위도一陰一陽之謂道"[《주역》]라는 문구에 기인하는 것으로 보인다. 이 문구에 대한 해석은 두 가지로 나뉜다.

우선 정이와 주희 등은 "한 번은 음하고 한 번은 양하여 가는 이유를 도라고 한다"고 해석한다. 그래서 일음일양 자체는 현상적인 변화와 생성 자체로서 형이하의 기이지만, 일음일양하게 하는 이유·원리는 형이상의 도道(태극太極, 이理)라고 본다. 장재와 육구연陸九淵처럼, '일음일양지위도'를 문자 그대로 해석하여 일음과 일양, 즉 기 자체를 도라고 해석하는 것이다. 이것을 도표화하면 다음과 같다.

[그림 1]

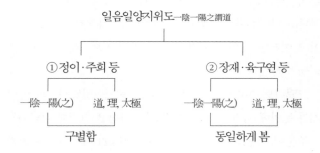

장재는《정몽》제일 첫머리를 '태화太和'라는 말로 시작하고 있다. 태화란 세상 모든 만물이 생성하고 변화하는 총체를 말한다. 즉 기가 온화하게 모인 상태에 있는 것을 특별히 화和라 부른 것이다. 그런데 여기서 '화'는 명사가 아니라 동사이다. 태화를 '크게 온화한 존재'로 해석한다면 종래 주돈

이의 이른바 '무극이태극無極而太極'의 연장선상에서 태허와 태화를 동체이면同體異面의 존재로 볼 수 있겠지만, '화'의 동사적 의미를 강조해 해석하면 태화를 태허와 같은 '본체 그 자체'로 보기는 어렵다. 즉 태화의 원래 의미는 '크게 온화하게 하다', '크게 조화롭게 하다'라는 것으로서, 본체의 작용 혹은 기능을 묘사하는 말이 된다. 이렇게 보면 태화와 별도로 '본체 그 자체'를 의미하는 말(명사)이 필요하게 되며, 이러한 맥락에서 장재는《정몽》〈태화〉편의 서두를 '태화'로 시작하고 나서 곧바로 '태허'를 말했다고도 볼 수 있다.

ㄴ. 태허, 기 그리고 만물의 관계

장재는 우주의 모든 현상이 기가 모이고 흩어지는 것에 따라 생멸한다고 보았다. 그는 태허와 기와 만물의 관계를 이렇게 묘사한다.

태허에는 기가 없을 수 없고 기는 모여서 만물이 되지 않을 수 없으며, 만물은 흩어져 다시 태허가 되지 않을 수 없다. 이러한 과정을 따라 나가고 들어오고 하는 것은 모두 부득이한 것이다.[149]

장재는 이러한 순환이 '필연적[不得已]'이라고 보았다. 관련 구절을 좀 더 살펴보자.

태화[태허의 상태]는 도라고 한다. 이것은 가운데에 떴다 가라앉았다, 올라갔다 내려갔다, 움직였다 고요히 있다가 하며 서로 감응하는 성질이 있는데, 이것이 음양이 서로 화합하고 작용하여 이기고 지고, 늦추고 줄이고 하는 힘의 시초가 된다… 태허는 형체가 없으니 기의 본래 모습이며, 기가 모이고 흩어지는 것은 변화의 일시적 모습일 뿐이다.[150]

장재의 이러한 생각을 정리하면 [그림 2]와 같다. 장재는, 태허란 고정된 형태가 없으며, 기의 본래 모습이며, 또 기가 흩어진 상태라고 보았다. 그는 《주역》에서 언급하는 태극과 양의를 합쳐 일기—氣로 보는데, 이것은 '역'에 대한 새로운 독창적 해석이다. 그에 따르면 구체적 사물이란 곧 기가 잠시 동안 모여 있는 상태(형태)이므로 '일시적인 모습[客形, 假有]'이다. 여기서 주목할 것은, 장재가 기의 본체인 태허를 '실유實有' 혹은 '진유眞有'[151]로 보고, 모이고 흩어지고 변화하는 기의 집합체인 구체적 사물들을 '가유假有'로 본다는 점이다.

'신神'과 '화化'는 《정몽》의 기본 개념이자 장재 철학에서도 중요한 개념이다. 이 두 용어는 원래 《주역》〈계사전〉의 "신을 궁구하고 화를 아는 것이 덕의 성대함이다"라는 구절에서 유래한다.

[그림 2]

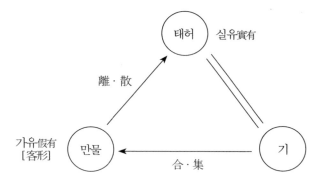

> 하나의 사물에 두 면이 있는 것이 기다. 하나이므로 신하고
> 둘이므로 화한다.¹⁵²

　장재는 이 구절로 '태허 즉 기'가 만물이 되고, 만물이 다
시 '태허 즉 기'가 되는 과정을 잘 설명하고 있다. 여기서 '하
나의 사물이 몸을 둘로 하는 것', 즉 '일물양체一物兩體'라 함
은 태극(태허)과 양의를 말하는 것이다. 앞에서 인용한 '일음
일양지위도'라는《주역》〈계사전〉의 문구에서 일음과 일양
은 양체兩體를 말하며, 도(태극, 태허)와 음양이 일물一物 즉 기
임을 단정하고 있다. 장재는 '하나이므로 신하다[一故神]', '둘
이므로 화한다[兩故化]'를 주해註解하여 '일고신'은 "둘이 있으
므로 헤아릴 수 없다"라고 했고, '양고화'는 "하나로 미루어

나간다"라고 했다. 즉 하나의 원리와 본체도 실제로 현상 세계에 나타날 때는 음과 양이라는 두 방향으로 전개되므로 그 이치가 신묘하여 측량하기 어렵다고 보는 것이다. 그리고 음과 양으로 인해 나타나는 여러 현상적 변화들은, 대체로 상반된 두 방향이 있다고는 하지만 여전히 하나의 원리와 본체를 지향한다고 보았다. 장재는《정몽》〈신화〉편에서 '신'과 '화'를 좀 더 자세히 설명한다.

신은 하늘의 덕이요, 화는 하늘의 도이다. 덕은 그 본체이고, 도는 그 작용이다. 그렇지만 기의 입장에서 보면 하나일 뿐이다.[153]

여기서 장재는 '신'과 '화'가 하늘의 '본체'와 '작용'임을 분명히 밝히고 있으며, 신(본체)이든 화(작용)든 기의 측면에서 보면 '하나'라고 말하고 있다. 이러한 견해는 주자학의 이기理氣 개념과 구분되는 특징이다.

(3)《정몽》의 심성론
《정몽》의 우주론은 기본적으로 유물론적인 조건들을 갖추고 있다. 즉 장재는, 기를 우주를 구성하는 원질로 여기며, 따라서 만물의 생·멸을 기가 모이고 흩어지는 과정으로 설명한다. 그는 우주의 생성과 구조에 관한 문제, 즉 우주생성론과 구조론을 기로써 통일하고자 한다. 장재에게 기란, 물질의 최초 구성 요소일 뿐만 아니라 우주의 생성·변화 과정을 설명할 수 있는 기의 운동성을 의미하는 것이기도 하다. 즉 장재는 기의 본성을 운동성인 '신'과 '화'라는 두 가지 의미로 이해하고 있는 것이다. 바로 이 점이 그의 기 개념을 '물질'로 이해하게 하는 중요한 단서가 되며, 이러한 면에서 그가 기의 본체라고 말하는 태허라는 개념도 결국은 물질로 이해될 수밖에 없는 것이다. 이러한 사실은 오늘날 유물론자들이 요구하는 기본 조건을 충족시켜주는 중요한 요인이다.

그런데 문제는 《정몽》의 심성론에 있다. 장재의 심성론은 우주론에 비해 상대적으로 비중이 작고, 체계성도 떨어진다. 이러한 이유로 학자에 따라서는 장재를 주돈이, 소옹과 함께 묶어 '우주론자'로 분류하고, 정호, 정이와 주희를 묶어 '심성론자'로 분류하기도 한다. 즉 신유학에서 심성론에 대한 체계적이고 본격적인 연구는 이정 형제 이후에야 비로소 가능해졌다. 주돈이, 소옹, 장재에게서 밖으로 향해 있던 철학적 관심이 이정 형제 이후 대부분의 학자들에게서 자기 마음 안으로 돌려진 것이다.

그러나 장재는, 편의상 '우주론자'로 불리기는 하지만, 후대 심성론으로 넘어가는 가교 역할을 한 철학자이기도 하다. 비록 완전하고 정련된 형태는 아니었지만, 장재의 심성론이 후대 학자들의 사상에 미친 영향은 상당하다. 특히 성性의 의미를 '공통 의미'와 '특수 의미'로 나눈 것은 장재가 처음 시도한 것이며, 특수 의미의 성을 '기질지성氣質之性'이라 부르고 공통 의미의 성만이 참된 성임을 강조한 것도 장재에게서 비롯되었다.

장재 기론에서 우주론이 심성론으로 전회하게 되는 결정적인 계기는 바로 "태허와 기가 합해져서 성性이란 이름을 갖게 된다合虛與氣, 有性之名"와 "성과 지각이 합해져서 심心이라는 이

[그림 3]

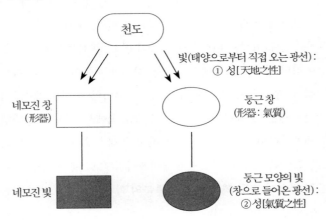

창을 통해 들어오기 전의 햇빛 자체는 동일하나, 창을 통해 들어오고 난 이후의 햇빛은 다양한 창의 모양에 따라 차이가 난다. 마찬가지로 형기(形器)의 영향을 받기 전의 성(性)은 모두 동일하나, 형기(기질)의 영향을 받고 난 이후의 성은 형기의 다양함에 따라 차이를 가지게 된다. 그러므로 성에 대해서 언급할 때는 어떤 의미의 성인지를 먼저 확인할 필요가 있다.

름이 있게 된다合性與知覺, 有心之名"라는 두 구절에 있다. 장재는 우주 본원으로서의 '태허일기太虛一氣'가 자신의 고유한 변화 원리(운동성: 신神·화化)에 따라 구체적 형상[客形]들을 이루어내게 될 때 '성'이 의미를 지닌다고 본다. 그는 자연관에서는 우주 만물의 기본 요소인 기氣 외에 별도의 '초월적 존재[理]'를 말하지 않았다. 그가 말하는 '이'란, 기 자체의 고유한 운동 원리와 변화 법칙을 의미하는 조리條理일 뿐이다.

그런데 장재는 심성론을 전개하면서 돌연 주관적 이원 관념을 제기한다. 그는 '태허일기'의 고유 본성으로서, 그리고 모든 인간이 추구해야 하는 도덕적 본성으로서 '천지지성'154을 이해한다. 한편 구체적 형상을 갖춘 뒤에 우리에게 확인되는 비도덕적 행위의 근거인 '성'으로서 '기질지성氣質之性'을 언급한다. 그러므로 장재는 악의 근원이 되는 기질지성을 변화시켜 순수한 태허일기의 본성인 천지지성으로 돌아갈 것을 요구한다. 이러한 시각은 분명 맹자 이래 일관되게 이어져 온 성선론의 전통을 계승하는 것이며, 또한 이후 송·명 심성학의 관념론적 전통을 확립하는 중요한 계기가 된다.

4. 하나의 그릇에 담긴 두 얼굴

현대 중국철학자들이 철학을 바라보는 기본 관점은 '철학

사는 유물론과 관념론의 투쟁의 역사'라는 인식에 바탕을 두고 있다. 이들은 이러한 관점을 신유학의 체계 위에도 그대로 적용하며, 유물론과 관념론으로 나누는 기준을 전적으로 '이'와 '기' 개념에서 찾는다. 즉 이 개념을 강조하는 사람은 관념론자이고, 기를 중심으로 철학 이론을 전개하는 사람은 유물론자라는 것이다. 이런 이분법이 나온 것은 물질을 의미하는 신유학적 용어로 기를 주목하기 때문이다. 이런 구도에서 기론의 선구자라고 할 수 있는 장재는 대표적인 유물론자가 되고 만다. 이러한 시각은 중국 공산화 이후 문화 혁명 시기까지 간행된 대부분의 저술들에 공통적으로 나타나는데, 장대년[155]과 후외려侯外廬[156]가 대표적인 경우이다.

그러나 장재의 철학 이론을 자세히 살펴보면, 유물론의 기본 전제와 일치하지 않는 부분을 많이 발견하게 된다. 장재 기론에서의 우주론은 장재를 유물론자로 보는 이들의 기본 전제와 거의 어긋나지 않지만, 문제는 심성론이다. 장재 기론에서 심성론은, 송명 이학의 심성론의 관념론적 체계를 확립했다고 할 만큼 관념론적 성격이 두드러진다. 바로 이런 이유 때문에 중국 공산화 이후 중국철학자들은 '장재 철학은 유물론인가 관념론인가' 하는 문제로 논쟁을 벌였던 것이다. 많은 논쟁이 벌어지기는 했지만 역시 이들의 기본 시각은 '장재는 북송 시대의 가장 위대한 유물론자이고, 불교적 관념론과 맞선 투쟁에서 탁월한 유물론적 철학 체계를 세웠다'는 것이다. 이들은 장재 철학에 스며 있는 부인할 수 없는 관념론적 요소(심성론)를 장재 철학의 기본 입장(유물론적 자연관)을 동요시키는 사상의 미숙함 정도로 취급한다. 그리고 장재 철학의 이러한 이중적 성격을 흔히 '장재 철학의 동요성'이라고 표현 한다.

현대 신유가 계열의 철학자들은 대부분 장재를 유물론자로 고착화하려는 시각을 비판하고 나선다. 대표적인 학자가 바로 인생관 논쟁의 주역인 장군매張君勵다. 그는 유물론적 자연관과 관념적 심성론이라는 장재 기론의 이중 구조에 주목하면서 '장재는 유물론자'라는 도식을 비판한다. "장재가 이원론적 관념을 중시했다 하더라도 그를 이원론자 또는 일원론자, 유물론자 또는 유심론자로 분류하기는 어려울 것이다. 그의 사상은 변동하고 있으며 앞과 뒤가 일치하지 않는다. 그러므로 나는 장재를 어떤 고정된 틀에도 집어넣지 않겠다."[157] 그리고 그 구체적인 이유를 다음과 같이 설명한다. "장재의 최초의 전제는 '기'였다. 그는 우주의 조화를 다룰 때는 '기'가 우선한다고 생각했다. 그러나 그는 결코 유물론자는 아니었다. 그의 철학은 '기' 또는 물질로 시작하지만, 일관성 있게 물질의 이치를 가지고 마음이나 정신 작용까지도 해석하려고 하지는 않았다. 그는 정신의 독립성 또는 도덕률의 자율성을 부정하려고 하지는 않았다."[158]

세계관의 차이에서 비롯된 관점의 차이가 있기는 하지만,

장대년, 후외려 같은 중국 학자들의 주장과 장군매의 주장은 기본적으로 장재 기론의 이중 구조에 주목하고 있다는 점에서는 일치한다. 그런데 이처럼 장재 기론의 특징을 이중 구조에서 찾는 학자들의 시각은 대체로 부정적이다. 즉 이들은 '논리적 모순', '동요', '부정합'이라는 틀을 가지고 장재 기론의 이중 구조를 이해한다.

그러나 이러한 이중 구조를 긍정적인 측면에서 이해할 수는 없는 것일까? 장재 기론에 대한 비판은 결국 자연과 인간이라는 상이한 세계를 바라보는 시각을 통일할 것을 요구하는 데서 나온 것이라고 볼 수 있다. 즉 천天, 인人의 관계론에서 합合의 입장만을 강조하는 것이다. 그러나 장재 기론의 논리적 이중 구조가 지니는 이중적 시각이야말로 중국 전통 철학의 분의[分]의 입장[159]을 가장 잘 드러내주는 것이며, 결국 천인 관계를 재물상간在物上看(유물론적 입장)과 재리상간在理上看(관념론적 입장)으로 구분해보는 주희의 이원론적 태도[160]와도 크게 다르지 않다고 생각된다. 그러므로 장재 철학을 단순히 기일원론적 사고방식으로 간주하여 유물론 혹은 관념론으로 고착화하려는 시도는 분명 재고되어야 할 것이다. 장재 기론은 외형상 '일원론적 방식[合]'을 취하고 있기는 하지만, 그 내용은 '이원론적 관념[分]'으로 이루어져 있다. 바로 이러한 맥락에서 우리는 장재 철학을 '이원이일원론二元而一元論' 또는 '일원이이원론一元而二元論'이라 부를 수 있다.

장재 기론의 이러한 이중적 성격은 바로 장재 자신의 사물을 바라보는 이중적 시각에서 나온 결과로서 나름대로 합리성을 갖는다. 즉 인간 자신이 이미 정신과 신체라는 이중적 구조를 가지고 살아가고 있으며, 또한 이질적인 두 세계 사이의 관계가 끊임없이 문제되고 있는 점을 상기해볼 때, 장재 기론의 자연관과 인간관이 갖는 이중적 시각은 당연하다고 하겠다. 신체(물질)를 중심으로 인간을 체계화하려는 경우가 있다면, 정신(의식)을 중심으로 인간을 이해하려는 경우도 있을 것이다. 그러나 신체와 정신 그 어느 것에도 절대적 우선성을 두기를 거부하는 사람이라면 신체에 있어서는 신체를 중심으로 인간을 이해하고, 정신에 있어서는 정신을 중심으로 인간을 이해하는 제3의 방식을 택할 수도 있을 것이다. 장재는 바로 제3의 시각을 가졌던 학자라고 생각한다. 즉 장재는 자신의 철학 체계에서 자연관과 인간관의 중심축이 다르다는 점을 깊이 인식하고 있었고, 이러한 인식의 바탕 위에서 이중 구조의 기론을 전개했다.

5. 중국 근세철학의 근원

북송 시대의 걸출한 철학자 장재는 주돈이, 소옹, 정호, 정이와 더불어 '북송의 다섯 선생[北宋五子]' 중 한 사람으로 존숭받고 있다. 또한 그의 학문은 주자학 형성의 한 축을 담당한다. 장재는 사상사적으로 고대 유학이 철학화하는 초기 단계에 자리 잡고 있다. 중국 근세철학의 삼대 조류의 사상적 연원은 어느 정도 장재 철학에 있다. 송명 시대의 이학자와 명말 청초 이래의 일련의 기론자氣論者 모두 자신들의 사상적 근원을 장재에 두고 있으며, 육왕심학陸王心學 또한 이론을 세우는 데 장재에게서 심대한 영향을 받았다. 이 세 학파는 각각 자신들의 관심점, 즉 성, 기, 심心에서 장재의 사상을 계승한 것이다. 이러한 면에서 장재의 사상사적 지위는, 서양 근세철학의 거의 모든 조류가 그에게로 흘러들어가고 또한 그에게서 흘러나왔다고 하는 칸트에 비견될 수 있다.

장재의 사상이 중국 근세철학의 근원이라고 한다면, 그의 대표작인《정몽》또한 마찬가지일 것이다. 정이와 주희로 대표되는 송명 이학자들은《정몽》중에서도 특히 성론性論 부분을 주목한다. 그들은 태허와 기의 관계를 논하는《정몽》의 사상에서 이일분수론理─分殊論의 아이디어를 얻었고, 또한 천지지성과 기질지성의 논의에서 대표적 성론을 구성했다. 그렇지만 무엇보다도《정몽》의 한 부분이었던 〈서명〉을 통해 천인합일天人合─이라는 거대한 유가적 이상을 제시할 수 있게 되었다. 그리고 육구연과 왕수인王守仁으로 대표되는 송명 심학자들은《정몽》의 심론心論에서 많은 것을 빌려온다. 무엇보다《정몽》에서 강조하는 대심大心의 세계관은 육왕심학의 이론에 큰 영향을 주었다. 이들에 비해, 명말청초 이래의 기론자들은 장재와《정몽》에서 더욱 직접적인 영향을 받는다. 나흠순羅欽順, 왕정상王廷相에서 왕부지王夫之, 대진戴震에 이르기까지 일련의 기론자들은 장재와《정몽》을 그 어느 것보다 소중히 여겼으며, 자신들의 사상적 토대로 삼았다. 이들은 '태허-기-만물'로 이어지는 기의 우주론과 부수적인 관련 논의들을 거의 가감 없이 그대로 계승했다. 특히 왕부지의 경우, 장재의 사상을 중시하여,《정몽》에 대해 탁월한 주해서까지 출간했다. 이들은 모두 기 개념을 중심으로 하여 철학적 세계관을 전개하며, 이 과정에서《정몽》의 사상을 누구보다도 적극적으로, 그리고 철저하게 계승했다. 그러므로 장재와《정몽》을 언급하지 않고서 중국 근세철학을 논의한다는 것은 무의미한 일로 여겨지기까지 한다.

현대에 이르러서도 기는 여전히 우리 생활 속에서 활발하게 논의되고 있다. 한의학에서 말하는 오장육부의 기, 단전호흡과 기공체조에서 강조하는 기 수련법, 그리고 성리학적 세계관의 하나로서 강조되는 기 개념 등이 대표적인 예다. 이러한 점에서 장재의 사상과《정몽》또한 여전히 '현재적인' 의미를 갖는다고 하겠다.

견문지지見聞之知

보고 들어서 아는 것 즉 견문지지는 덕성지지德性之知와 대립되는 말로, 사람이 감각을 통해 외부 사물과 접촉하여 얻은 지식을 가리킨다("보고 들어서 아는 것은 바깥 사물과 교류하여 알게 되는 것이 다"[《정몽》〈대심〉]). 장재는 견문지지를 작은 지식[小知]으로 여겨, 견문을 탈한 덕성지지보다 못하다고 보았다.

귀신鬼神

천지간에 일종의 정기가 모이고 흩어지며 변화하는 것을 가리킨다.《주역》〈계사상〉에서 "정기가 사물이 되고, '흩어지는 혼[游魂]'은 변화를 이룬다. 그러므로 귀신의 모습을 알게 된다"라고 했는데, 정현鄭玄은 이것을 풀이하여 "정기는 신神이고, 흩어지는 혼은 귀鬼이다"라고 설명했다. 이후 많은 철학자들은 기의 가고 옴[往來], 굽히고 폄[屈伸]을 '귀신'으로 해석했다. 장재는 "귀신이란 음양 두 기운의 본래 갖추고 있는 능력이다"[《정몽》〈태화〉], "다가오는 것을 신이라 함은 그것이 펴지기 때문이며, 되돌아가는 것을 귀라 함은 그것이 돌아가기 때문이다"[《정몽》〈동물〉]라고 했으며, 주희는 "귀신은 다만 기일 뿐이니, 가고 옴, 굽히고 펌이 기다"[《주자어류朱子語類》 권3]라고 했다.

기氣

세계 만물을 구성하는 근원. 유물론자들은 기를 세계의 물질적인 근원이라고 본다. 동한東漢 시대의 왕충王充은 "천지가 기와 합하면 만물이 스스로 생겨난다"[《논형論衡》〈자연自然〉]고 했고, 장재는 "태허에는 기가 없을 수 없고 기는 모여서 만물이 되지 않을 수 없다"[《정몽》〈태화〉]고 했다. 유심론자들은 기가 이에서 생겨났다고 단언한다. 예를 들어 주희는 "이가 먼저이고 기가 나중이다[理先氣後]"라는 학설을 제기하여, "천지가 생겨나기 전에 반드시 '이'가 있다. [⋯] '이'가 있으면 곧 '기'가 있어서, 이것이 만물을 변화시키며 생성시킨다"[《주자어류》 권2]고 주장했다.

기질지성氣質之性

송대 이학자들의 용어로서, 천지지성天地之性(장재의 용어), 의리지성義理之性(정이의 용어), 본연지성本然之性(주희의 용어)과 상대되는 말이다. 장재는 《정몽》〈성명〉편에서 "형체가 생긴 뒤에야 '기질의 성'이 있으니 잘 돌이키면 '천지의 성'이 그대로 보존된다"고 했다. 왕부지는 이를 풀이해서 "여기서 말하는 기질지성이란 대체로 맹자가 말하는 소리, 빛깔, 냄새, 맛에 대해 귀, 눈, 코, 입이 갖는 관계와 같다"고 설명했다. 즉 생리적 욕구에서 생겨나는 감각, 욕망 등을 의미한다는 것이다. 주희는 "천지지성을 논하는 것은 오로지 '이'만 가리켜 말하는 것이요, 기질지성을 논하는 것은 '이'와 '기'를 섞어 말하는 것이다"[《주자어류》 권4]라고 했다. '인간의 본성[性]'이 곧 '이'이므로 선하지 않은 본성이 없지만, 다만 "선천적으로 타고난 기질이 사람에 따라 맑고 흐린 차이가 있어서" 사람에 따라 착한 사람도 있고 착하지 못한 사람도 있다는 것이다. 이러한 시각에 따르면 맹자의 성선설은 천지지성을 논한 것이 되고, 한유韓愈의 성삼품설性三品說은 기질지성을 논한 것이 된다. 안원顔元은 이러한 주희의 주장을 "대체로 '기'는 곧 '이'의 기요, '이'는 곧 '기'의 이니, 어찌 '이'는 순전히 선하기만 하고 기질은 악에 치우쳤다고 하겠는가?"[《존성편存性編》 권1] 라는 말로 논박했다. 안원은 의리지성(천지지성, 본연지성)과 기질지성을 나누는 것이 불필요하다고 보았다.

덕성지지德性之知

견문지지에 대립되는 말로서, 하늘이 부여한 도덕관념을 가리킨다. 장재는《정몽》〈대심〉편에서 "덕성으로 아는 것은 보고 듣는 데 기원을 두지 않는다"고 했다. 그는 인간이 태어날 때부터 가지고 있는 도덕관념을 덕성지지라 보고, 이것은 외부 사물과 접촉할 필요 없이 마음의 수양을 통해 곧바로 발휘될 수 있는 것이라고 생각했다. 따라서 덕성지지가 견문지지보다 근본적으로 차원이 높은 지식이라고 보았다. 후에 송명 시대 이학자들이 이러한 장재의 사상을 계승, 발전시켰다.

성性

장재는 기론, 성론, 심론을 체계적으로 전개한다. 즉 '기'에서 '성'의 개념을 끌어내며, '성'에서 '심'의 개념을 도출한다. 장재는 구체적인 개체 생명체의 기질에 내재하는 태허를 '성'으로 이해했다. 결국 장재가 말하는 '성'은 '태허일기太虛一氣'와 기질의 합, 또는 기질 속에서 발견되는 '태허일기'로 해석될 수 있다. 개체에 내재하는 태허로서의 성은 만물 공동의 성이며, 장재는 이것을 천지지성이라고 표현한다. 그런데 장재는 천지지성 외에 또 하나의 성, 즉 기질지성을 언급한다. 그는 기질지성을 통해 맹자 이래 끊임없이 문제가 되어왔던 악惡의 발생 원인을 해명하고자 했다. 장재가 제기한 기질지성은 송명 유학의 중요한 개념으로 자리 잡았으며, 이후 청대 유학에서도 매우 중요한 개념이 된다. 그리고 기질 지성에 대한 이해는 송대 기론과 청대 기론을 구분하는 기준선이 되기도 한다.

신화神化

'신'과 '화'는 장재 기론의 중요한 개념 중 하나이다. 장재는 기의 운동 원리를 신(통일성의 원리: 만물→태허즉기)과 화(다양 성의 원리: 태허즉기→만물) 두 글자로 설명한다. 언뜻 보기에 신과 화는 대대對待 관계162를 취하고 있으며, 구체적인 작용이 음양과 비슷해서 음양과 비슷한 개념으로 취급될 수도 있다. 그러나 《정몽》을 세심하게 읽어보면 신화와 음양의 차이점을 발견하게 된 다. 우선, 신과 화는 체용體用 관계로 볼 수 있지만 음양 개념은 그럴 수 없다. 장재는 〈신화〉편에서 "신은 하늘의 덕이요, 화는 하늘의 도이다. 덕은 그 본체이고, 도는 그 작용이다"라고 했다. 이것은 분명히 장재가 신화를 체용 관계로 이해하고 있음을 입증해준다. 또 장재 자신은 신과 화가 '기'에서 볼 때는 하나라고 말하지만, 역시 화보다는 신이 상위 개념으로 해석될 여지를 남긴다. 또 하나의 중요한 차이점이 있다. 위의 인용문에서도 알 수 있듯이, 신과 화는 다분히 도덕적인 의미를 내포하고 있어 뒤에 장재 기론 을 인사人事 방면에까지 확장시키는 매개자 역할을 한다. 그러나 음양 개념은, 비록 뒤에 그 의미가 우주생성론의 한계를 훨씬 넘어서서 인간의 기질, 감정, 체질 등과 관련한 의미로까지 확장되었다고는 하지만, 인간의 도덕성을 의미하는 경우는 거의 없다. 요약하면 '태허-기-만물' 간의 유기적 관계를 보장하는 기 운동의 원리와 근거가 바로 '신'이며, 신을 속성으로 하는 '기'의 부단한 자기 운동의 발로가 '화'이다. 화는 현상계의 운동과 변화를 일으키는 원리라고 할 수 있으며, 그 운동과 변화의 직접적인 계기가 바로 음양이라는 상대적인 양극성이다.

심心

장재에게 '심'은 천지지성을 회복하게 하는 인간의 '능동적 주체성'이다. 그러므로 왕부지는 "성性은 천도天道이고 심은 인도人道이다. 천도는 은미하고 인도는 잘 드러난다"[《장자정몽주張子正蒙注》〈성명誠明〉]고 했다. 장재는 '심'을, "성과 지각이 합쳐져 심이라는 이름이 있게 된다"는 한 구절로 정의했다. 장재가 말하는 성이란 형상을 가진 개체에 내재한 태허일기의 본성을 의미하며, 그 속성은 감통성感通性이다. 그리고 지각의 의미는 "유와 무가 하나가 되고 안과 밖이 합쳐진 데서 바로 인심이 생겨난다"라는 구절을 통해 짐작할 수 있다[《정몽》〈건칭〉]. 즉 '유와 무가 하나가 된다'는 것은 성을 설명하는 것으로, '안과 밖이 합치된다'는 것은 지각을 설명하는 것으로 볼 수 있다. '안과 밖이 합치된다'는 말은 이미 안과 밖의 구분을 전제로 하는 것이고, 이때 안과 밖을 구분짓게 하는 것이 바로 형체[形]이다. 그러므로 안과 밖을 합하는 지각은 구체적인 형체를 자각하는 인간에게서만 이야기될 수 있다. 이것은 지각을 개념 성립의 필요 조건으로 하는 '심' 역시 인간에게서만 이야기될 수 있음을 의미한다. 그래서 장재는 "하늘에는 심이 없다. 심은 모두 사람의 심이다"[《경학이굴經學理窟》〈시서詩書〉]라고 했다. 즉 '심'은 인간의 인식과 윤리를 담당하는 능동적 주체이다.

체용體用

본체와 작용(현상)을 가리키는 말이다. 일반적으로 '체'는 근본적·내재적인 것이고, '용'은 체가 바깥으로 드러난 것으로 본다. 그러나 무엇이 체이고 무엇이 용인지에 대해서는 서로 다른 해석이 가능하다. 유심론자들은 무無, 이理, 심心 등을 체로 여긴다. 가령 왕필王弼은 《노자주老子注》 38장에서 "[만물이] 비록 귀하지만 무를 가지고 쓰는 것이니, '무'를 버리고 형체를 이룰 수는 없다"고 했다. 유물론자들은 체를 실제적인 사물로 여겨서 유有, 기氣, 물物 등을 체로 인정하고, 사물의 운동을 용으로 여긴다. 예를 들어 왕부지는 "천하의 용은 모두 유이다. 내가 그 '용'으로부터 '체'가 있음을 안다는 것을 어찌 의심할 필요가 있겠는가?"[《주역외전周易外傳》 권2]라고 했다. 그는, 일체의 작용은 모두 실재하는 그 본체(물질)에서 생겨난다고 생각했다.

태극太極

《주역》〈계사상〉을 보면 "역에는 태극이 있는데, 태극은 양의를 낳고, 양의는 사상을 낳고, 사상은 팔괘를 낳는다"고 했다. 여기서 말하는 태극은 만물이 파생하는 근원이다. 북송의 주돈이는 《주역》의 이 사상을 계승하고 도가의 학설을 채용해서 《태극도설太極圖說》을 지었다. 또 북송의 소옹은 "마음이 태극이 된다"[《심학心學》]고 했으며, 남송의 주희는 "천지 만물의 이치의 총체가 곧 태극이다"[《주자어류》 권94]라고 했다. 그런데 장재는 태극이라는 말로 기를 설명한다. 가령 "하나의 사물에 두 면이 있는 것이 기다"[《정몽》〈삼량〉]라고 하거나, "하나의 사물이면서 두 몸체를 가진 것은 태극을 말하는 것인가?"[《정몽》〈대역〉]라고 하는 경우다. 명대의 왕정상 역시 태극을 "천지가 아직 나누어지기 전, 태초의 혼돈되고 맑고 텅 빈 기"[《태극변太極辯》]로 보았다. 한편 근대의 인물인 손문孫文은 태극을 서양의 '에테르ether'로 이해했다. 그는 "처음에 태극(서양어로 '에테르'에 해당한다)이 움직여서 전자가 생겨나고, 전자가 모여서 원소를 이룬다. 원소가 합쳐져 물질을 이루고, 물질이 모여서 지구를 이루니, 이것이 세계 변천의 첫 단계이다"라고 설명했다.

태허太虛

태허를 철학의 주요 개념으로 등장시킨 것은 장재이다. 그는 만물의 생성을 모두 음양 두 기운의 작용으로 설명했다. 기의 증감생멸增減生滅은 없으나, 기의 모이고 흩어짐에 의해 만물이 형성된다고 보았다. 즉 기가 모이면 사물을 이루게 되고 흩어지면 사물이 소멸된다고 보았던 것이다. 장재는 기의 흩어진 상태가 태허라고 보았으며, 태허는 기의 본체라고 여겼다. 그러나 태허와 기는 별개의 것이 아니라 근원적으로 동일한 것이며, 태허는 음양 두 기운의 통일체라고 생각했다. 장자도 태허를 언급하고 있지만, 장재에게 있어서 태허라는 개념이 철저히 유적有的 내용을 지닌 개념인 점에 반해, 장자 철학의 태허 개념은 무無의 의미를 지닌다는 점에서 차이가 난다.

태화太和

'태'는 '대'라고도 쓰는데, 《주역》에서는 "크게 조화로운 것을 보존하고 합해서 곧 올바르게 함이 이롭다"[《주역》〈건괘〉, "단사彖辭"]고 했다. 장재는 이 말을 사용해서 음과 양 두 기가 서로 모순되면서도 통일되는 상태를 형용했다. 그는 《정몽》〈태화〉편에서 "태화는 도라고 한다. 이것은 가운데에 떴다 가라앉았다, 올라갔다 내려갔다, 움직였다 고요히 있다가 하며 서로 감응하는 성질이 있는데, 이것이 음양이 서로 화합하고 작용하여 이기고 지고, 늦추고 줄이고 하는 힘의 시초가 된다"고 설명했다. 장재는 도를 기의 변화, 또는 음과 양이 서로 밀고 당기는 과정이라고 생각했으며, 그래서 태화 역시 도라고 보았다.

1 (옮긴이주) 정이程頤와 주희朱熹에 의해 체계화되었다는 점에서 정주학程朱學, 주자에 의해 집대성되었다는 점에서 주자학朱子學, 본성과 이치가 같다고 주장하므로 성리학性理, 송대에 이루어졌으므로 송학宋學이라고 불린다. 그리고 한당 훈고학적 유학과는 다른 새로운 유학이라는 의미에서 신유학新儒學이라 불리기도 한다.

2 (옮긴이주) 정이와 주희가 모두 '이理'를 강조했던 철학자임에 반해, 장재는 '기氣'를 강조했기 때문에 이러한 평가를 받았다.

3 (옮긴이주) 이 책 주 128을 참고하라.

4 (옮긴이주)《정몽正蒙》17편의 각 편명은 대부분 해당 편의 첫머리에 나오는 단어와 일치하며, 그 편의 전체적인 주제 또는 글의 성격을 말해준다. 장재張載의 제자 소병蘇昞이 수만 자에 달하는《정몽》을 읽기 쉽게 편으로 나눌 것을 권했으며, 이를 계기로《정몽》은《논어論語》,《맹자孟子》의 편차編次와 장구章句를 본받아 비슷한 글끼리 묶인 형태를 갖추게 되었다. 이것이 오늘날 전해지는《정몽》17편이다.

5 (옮긴이주) 건곤乾坤의 의미는 다양하다. 하늘과 땅, 천지, 우주, 건괘乾卦와 곤괘坤卦, 양과 음, 건방乾方과 곤방坤方, 아버지와 어머니 등이다. 여기서는 '하늘의 이치'와 '땅의 이치' 즉 대자연의 원리를 의미한다.

6   (옮긴이주) 기란 세계 만물을 구성하는 근원으로, 좀 더 자세한 내용은 〈용어 해설〉을 참조하라.

7   (옮긴이주) 기의 운동 원리를 신神이라 한다. 좀 더 자세한 내용은 〈용어 해설〉을 참조하라.

8   (옮긴이주) '인온絪縕'이란 만물을 생성하는 기운이 왕성한 모양을 뜻한다.

9   (옮긴이주) 역易이란 세계 만물의 변화의 이치를 말한다. 혹은 이러한 변화의 이치를 기록하고 있는 책, 즉 《주역周易》을 의미하기도 한다.

10   (옮긴이주) 주공周公은 중국 주周나라의 개국 공신으로 이름은 단旦이며, 주나라를 창건한 무왕武王의 동생이자 문왕의 아들이다. 그는 무왕의 권력 강화에 힘쓰다 무왕이 죽고 조카 성왕成王이 어린 나이로 황제의 자리에 오르자 그를 섭정하면서 주나라 왕실을 견고하게 했다. 섭정을 맡은 지 7년 만에 정권을 성왕에게 반납했으며, 고대 중국의 뛰어난 학자이자 정치가로 명망이 높다.

11   (옮긴이주) 태허太虛란 기의 본체로서 음양 두 기운의 통일체를 뜻한다. 〈용어 해설〉을 참조하라.

12   (옮긴이주) 장재는 "태허와 기가 합하여 성의 이름이 있게 된다合虛與氣, 有性之名"고 했다. 이는 태허가 구체적인 작용을 할 때 비로소 성性이 있게 된다는 뜻이다. 즉 기질 속에 내재하는 태허의 본성을 강조한 것이다.

13   (옮긴이주) 기의 작용이 취聚와 산散이라고 한다면, 성性의 작용은 식識과 지知이다.

14   (옮긴이주) 형체를 가진 기와 형체 없는 기가 모두 같은 것임을 알고서 어느 한쪽에만 집착하지 않는 것을 말한다.

15   (옮긴이주) 화化란 기의 운동 원리를 말한다. 〈용어 해설〉을 참조하라.

16 (옮긴이주) 허虛란 태허를 뜻한다.

17 (옮긴이주) 체體와 용用의 의미 또한 대단히 다의적이나, 일반적으로는 본체와 현상이라는 뜻을 가진다.

18 (옮긴이주) 자연계의 질서를 '천도天道'라고 한다면, 대자연으로부터 부여받은 인간계의 법칙을 '성명性命'이라 할 수 있다.

19 (옮긴이주) 〈용어 해설〉을 참조하라.

20 (옮긴이주) 기가 형체를 가지게 되면 천차만별의 모습을 띠게 되나, 이것은 모두 형체 없는 태허기太虛氣에서 생겨난 것임을 말한다.

21 (저자주) 둘이 있으므로 헤아릴 수 없다.

22 (저자주) 하나로 미루어 나간다.

23 (옮긴이주) 달은 감괘坎卦에 해당한다. 감괘는 ☵ 형상의 괘인데, 가운데 효爻가 양효陽爻이다. 《주역》의 기본은 괘卦이며, 괘는 효로 이루어져 있다. 그러므로 《주역》의 이해는 효에서 시작되어야 한다. 효는 음陰과 양陽을 나타내는 최소 단위의 부호로, 양효는 '—'로, 음효陰爻는 '==' 로 나타낸다. 괘란 《주역》에서 천지와 인간 사회의 변화상을 음효와 양효의 조합을 통해 모두 6개의 효로 표시한 부호를 말한다. 효가 세 개 거듭되면 8괘 즉 소성괘小成卦가 성립되고, 소성괘가 두 개 거듭되면 64괘 즉 대성괘大成卦가 되는데, 《주역》에서는 이러한 64괘를 통해 세계와 인간을 해석하는 기본틀로 삼는다. 한편 《주역》에서는 괘상卦象이 강조된다. 괘상이란 역괘易卦의 길흉, 동정, 변화의 상을 의미하는 것으로서, 《주역》에서의 상象은 '꼴', '모방'이라는 뜻을 지닌다. 상에는 금金, 목, 수水, 화火, 토土와 같은 자연계의 여러 현상인 물상物象과, 이러한 현상을 관찰하여 물상에 일어나는 뜻 혹은 관념인 의상意象으로 나눌 수 있다.

24 (옮긴이주) 윤달을 두는 이유는 태양의 이동이 24절기의 날짜와 딱 맞아떨어지지 않기 때문이라는 뜻이다.

25 (옮긴이주) 형체화 이전의 세계를 '신'이라 하고, 형체화 이후의 세계를 '형形'이라 한다.

26 (옮긴이주) 이것은 모두 감괘와 이괘離卦의 상을 풀이한 것이다. 즉 감괘☵는 양효가 음효 가운데에 있는 형상이므로 "양이 음에 빠졌다"고 했고, 이괘☲는 양효가 바깥에 있고 음효가 가운데에 있는 형상이므로 "양이 바깥에서 음에 붙었다"고 한것이다. 물과 불은 각각 감괘와 이괘가 상징하는 것이다.

27 (옮긴이주)《노자老子》6장, "谷神不死." 곡신谷神은 도가에서 강조하는 용어이다.《노자》6장에서 "곡신은 죽지 않는다"고 했는데, 이에 대해 장재는 곡신은 유한하며, 오로지 유가적 '성인의 신'만이 영원한 것임을 강조한다.

28 (옮긴이주) 하늘, 땅, 사람이 기의 입장에서 보면 하나임을 말한 것이다.

29 (옮긴이주)《황제내경소문黃帝內經素問》〈맥요정미론脈要精微論〉, "甚飽則夢予, 甚飢則夢取".

30 (옮긴이주) 한의학에서 말하는 인체 내장의 주요 기관으로 간, 심장, 지라[脾臟], 폐, 신장을 일컫는다.

31 (옮긴이주) '형체가 기를 마찰한다'는 것은 형체 있는 물체로 기를 불러일으킨다는 뜻이고, '기가 형체를 마찰한다'는 것은 기로 형체를 지닌 물체와 부딪쳐 소리를 낸다는 뜻이다.

32 (옮긴이주) 천지지성天地之性이란 기질에 의해 변화하지 않는 원래의 성을 말한다.

33 (옮긴이주) 기질지성氣質之性은 형체가 생긴 뒤에 갖게 되는 성으로서, 생리적 욕구에서 생겨나는 감각, 욕망 등을 의미한다.〈용어 해설〉을 참조하라.

34 (옮긴이주) 여기서 '낮과 밤의 도리'란 '생生과 사死의 도리'를 의미한다.

35 (옮긴이주) 고자告子는 중국 전국戰國 시대의 철학자로, 이름은 불해不
    害다.《맹자孟子》의 〈고자告子〉편에 맹자의 논쟁자로 등장한다.

36 (저자주) 여름에만 사는 벌레는 얼음이 어는 것을 의심하니, 왜냐하
    면 겨울을 모르기 때문이다.

37 (옮긴이주) 눈, 귀, 코, 혀, 몸, 뜻[意]의 육관六官을 말한다.

38 (옮긴이주) 하늘과 땅, 그리고 사방, 즉 우주를 말한다.

39 (옮긴이주) 중中과 정正은 유가 사상에서 중요한 개념이다. 중은 치우
    치지 않은 것이며, 정은 형식과 실제가 일치하는 것이다.《주역》의
    괘로 말한다면, 중은 내괘內卦의 가운데인 2효와 외괘外卦의 가운데
    인 5효가 될 것이며, 정은 양효는 양위陽位에 그리고 음효陰爻는 음위
    陰位에 있는 것을 말한다.

40 (옮긴이주) 악정자樂正子는 맹자의 제자로, 악정樂正은 성이고 이름은
    극克이다.

41 (옮긴이주)《맹자孟子》〈진심하盡心下〉에 맹자가 악정자를 평하여 '선
    인善人'이며 '신인信人'이라고 한 구절이 있다.

42 (옮긴이주)《맹자孟子》〈만장하萬章下〉, "孟子曰, 伯夷, 聖之淸者 也, 伊
    尹, 聖之任者也, 柳下惠, 聖之和者也, 孔子, 聖之時者也. 孔子之謂集大
    成者也." 즉 백이는 결백의 상징으로 유하혜는 온화함의 상징으로
    유명하나, 두 사람 모두 정도가 지나쳤던 것으로 평가된다.

43 (옮긴이주)《논어論語》〈자한子罕〉, "子絶四, 毋意, 毋必, 毋固, 毋我."

44 (옮긴이주) "산을 만들되 한 삼태기를 남겨두고 중단하는 것도 내가
    중단하는 것이다"라는 말은 안회顔回에 대한 비유이고, "땅을 평평
    하게 함에 비록 한 삼태기의 흙을 덮었더라도 나아가는 것은 내가
    나아가는 것이다"라는 말은 호향 사람들에 대한 비유이다. 즉 안회
    가 일찍 죽어 성인에 이르지 못했는데 그 차이가 마치 산을 이루는
    데 겨우 한 삼태기의 흙이 모자란 것처럼 작아서 아깝고, 또 풍속이

좋지 못해 함께 어울리기 어려웠던 호향 사람들은 도덕적 진보를 위해 마치 땅을 고르는 데 한 삼태기의 흙을 보탠 것 같은 적은 노력을 기울였을 뿐이지만 그래도 그 노력한 부분은 인정해줘야 한다는 뜻이다.

45 (옮긴이주)《중용中庸》, "天下之達道五, […] 曰君臣也, 父子也, 昆弟也, 朋友之交也, 五者天下之達道也"를 참고하라.

46 (저자주) 도움이 적으면 친척마저 그를 배반할 것이다.

47 (저자주) 자기 몸을 보존할 수 없으면 편안한 곳만 가려서 거하려고 한다.

48 (옮긴이주)《주역周易》〈계사상繫辭上〉에 의거한 말이다.

49 (옮긴이주) 요임금 때의 네 악인惡人을 말한다. 공공共工, 환두讙兜, 삼묘三苗, 곤鯀을 말한다.

50 (옮긴이주) 상象은 순임금의 이복동생으로, 순을 괴롭히고 죽이려고까지 했다.

51 (옮긴이주)《중용》에 나오는 말이다. 첫째, 자식에게 바라는 것으로써 부모를 섬기고, 둘째, 신하에게 바라는 것으로써 임금을 섬기고, 셋째, 동생에게 바라는 것으로써 형을 섬기고, 넷째, 친구에게 바라는 것으로써 내가 먼저 베푼다는 것이다.

52 (옮긴이주) 백달伯達, 백괄伯适, 중돌仲突, 중홀仲忽, 숙야叔夜, 숙하叔夏, 계수季隨, 계왜季騧를 말한다.

53 (옮긴이주) 중이重耳는 진秦나라 문공文公의 이름이고, 소백小白은 제齊나라 환공桓公의 이름이다.

54 (옮긴이주)《논어》〈옹야雍也〉의 다음 구절을 풀이한 것이다. "齊一變, 至於魯, 魯一變, 至於道."

55 (옮긴이주) 안영晏嬰은 춘추 시대 제齊나라의 재상이다.

56 (옮긴이주) 원거爰居란 전설상의 바다새[海鳥] 이름이다. 크기가 말만

하고 봉황과 비슷하게 생겼다고 한다.

57 (옮긴이주)《논어》〈공야장公冶長〉에 의거한 말로, 인간의 도의道義에 힘쓰지 않고 귀신을 신앙하는 행위가 지혜롭지 못함을 교훈한 것이다.

58 (옮긴이주) 자산子産은 춘추 시대 정鄭나라의 대부로서, 이름은 공손교公孫僑이다.

59 (옮긴이주) 맹헌자孟獻子는 노魯나라의 관리로 중손멸仲孫蔑이라고도 한다.

60 (옮긴이주) 전유田臾는 노나라에 붙어 있던 작은 성의 이름이며, 동몽東蒙은 노나라의 산 이름이다.

61 (옮긴이주) 이 구절은 노나라의 대부였던 계손씨季孫氏가 전유 지방을 치려 할 때 공자가 한 말을 풀이한 것이다. 즉 전유 지방의 사람들이 계손씨의 뜻에 거슬리는 행동을 했을지라도, 그들이 노나라 땅의 동몽에 있는 동몽산의 제사를 주관해왔고 또한 노나라의 영역 안에 있는 같은 나라이므로 이를 쳐서는 안 된다는 말이다.

62 (옮긴이주)《논어》〈위정爲政〉에 의거한 말이다.

63 (옮긴이주) 위리委吏는 곡식의 출납을, 승전乘田은 목축을 담당하는 관리를 말한다.

64 (옮긴이주) 봉황은 신령스러운 새로서 순임금과 문왕 때에 나타났다고 한다. 그리고 복희씨伏羲氏 때에 용마龍馬가 팔괘八卦의 그림을 등에 지고 황하에서 나타났다는 전설이 있다. 이러한 일들은 모두 새로운 문명의 상서로운 징조를 상징한다. 그런데 이러한 기회를 얻지 못하면 공자조차 어찌할 수 없음을 말하고 있다.

65 (옮긴이주)《논어》〈위령공衛靈公〉, "子曰, 吾猶及史之闕文也, 有馬者借人乘之, 今亡矣夫"를 참고하라.

66 (옮긴이주) 의장기수儀章器數란 의식儀式과 기물器物을 말한다.

67　(옮긴이주) 맹손씨孟孫氏, 숙손씨叔孫氏, 계손씨 세 가문을 가리킨다.

68　(옮긴이주)《논어》〈향당鄕黨〉에 의거한 말이다.

69　(옮긴이주)《논어》〈옹야〉의 관련 구절을 참고하라.

70　(옮긴이주) 필힐佛肸은 진나라의 대부로서 조씨趙氏의 가신이었다.

71　(옮긴이주) 남자南子는 위령공의 부인으로, 행실이 좋지 못했다고 한다.

72　(옮긴이주) 구이九夷는 상고 시대에 동방에 있던 아홉 종류의 오랑캐
　　를 말한다.

73　(옮긴이주)《논어》〈헌문憲問〉, "微生畝謂孔子曰, 丘何爲是栖栖者與.
　　無乃爲佞乎. […] 孔子曰, 非敢爲佞也. 疾固也"를 참고하라.

74　(옮긴이주) 공자의 제자로서, 성은 중仲이고 이름은 유由이다. 자로子
　　路 혹은 계로季路라고도 한다.

75　(옮긴이주) 유자有子는 공자의 제자로서, 성은 유有이고 이름은 약若
　　이다.

76　(옮긴이주) 여기서 말하는 곡신이란 텅 빈 산골짜기를 의미한다. 그
　　리고 "곡신은 그 소리를 본떠서 응하는 것"이라는 말은 바로 산골짜
　　기의 메아리를 뜻한다. 즉 산골짜기의 메아리와 같은 소리는 고대
　　중국 음악의 기본인 율려의 이치로는 설명할 수 없다는 것이다.

77　(옮긴이주) 율려律呂란 음악에서 말하는 기본적인 음이다. 율律은 양
　　성陽聲에 속하는 음이며, 여呂는 음성陰聲에 속하는 음이다.

78　(옮긴이주) 유사有司란 관리를 일컫는 말이다.

79　(옮긴이주) 부월鈇鉞은 형벌의 도구로 쓰이는 도끼를 말한다. 통치 권
　　력의 상징으로 쓰이기도 한다.

80　(옮긴이주) 정전井田은 고대 중국의 토지 제도로서, 토지를 '우물 정
　　[井]' 자 모습으로 아홉 등분하고, 국가에 9분의 1을 조세로 납부했다.

81　(옮긴이주) 역易의 이치가 위대하다는 말이다.

82　(옮긴이주) 회悔는 흉함에서 길함으로 나아가는 것이고, 린吝은 길함

에서 흉함으로 나아가는 것이다.

83 (옮긴이주) 건괘의 최상위인 상구효上九爻를 설명한 것이다. 가장 꼭대기에 올라 있으니 반드시 내려오게 되며, 그러므로 후회한다는 것이다.

84 (옮긴이주) 《주역》〈건괘상전乾卦象傳〉에 의거한 말이다.

85 (옮긴이주) 손巽 ☴은 64괘 중에서 57번째의 괘. 유순비하柔順卑下의 상을 가졌다.

86 (옮긴이주) 《주역》〈설괘전說卦傳〉에 나오는 손괘巽卦의 상象들을 설명하고 있다. 〈설괘전〉에 따르면 "손괘가 상징하는 것은 나무요, 바람이요, 맏딸이요, 줄이 곧은 것이요, 공인工人이요, 흰 것이요, 긴 것이요, 높은 것이요, 나아가고 물러가고 하는 것이요, 과감하지 않은 것이요, 냄새다. 사람에게 있어서는 모발이 적은 것이요, 이마가 넓은 것이요, 흰자위가 많은 눈이요, 이익을 가까이하여 세 배로 장사하는 것이다. 결론적으로 말하면, 조급함을 나타내는 괘다".

87 (옮긴이주) 감坎 ☵은 64괘 중에서 29번째의 괘. 험난함이 겹친 상을 가졌다.

88 (옮긴이주) 이離 ☲는 64괘 중에서 30번째의 괘. 사물이 모두 형통한 상. '달라붙는다'는 의미를 지녔다.

89 (옮긴이주) 간艮 ☶은 64괘 중에서 52번째의 괘. 정지하여 나아가지 않는 상.

90 (옮긴이주) 태兌 ☱는 64괘 중에서 58번째의 괘. 지조가 바르고 굳어 사물이 잘 형통하는 상.

91 (옮긴이주) 곤坤 ☷은 64괘 중에서 2번째의 괘. 유순함용柔順含容의 상.

92 (옮긴이주) 진震 ☳은 64괘 중에서 51번째의 괘. 만물이 발동하는 상.

93 (옮긴이주) 몽蒙 ䷃은 64괘 중에서 4번째의 괘. 만물의 최초 시기여서 아직 환하지 않은 상.

94 (옮긴이주) 중부中孚 ䷼는 64괘 중에서 61번째의 괘. 진실한 정성을 시사하는 상.

95 (옮긴이주)《주역》〈복괘復卦〉에 의거한 말이다.

96 (옮긴이주) 익益 ䷭은 64괘 중에서 42번째의 괘. 위를 덜고 아래를 보 태는 상.

97 (옮긴이주)《주역》〈계사상〉에 의거한 말이다.

98 (옮긴이주) 역의 괘에 나타나는 현상을 역상易象이라 한다.

99 (옮긴이주) 후직后稷은 주나라 선조인 기棄의 별명이다. 농사를 관장 했던 것으로 알려진다.

100 (옮긴이주)《시경》〈대아大雅〉, "생민生民"에 나오는 말이다.

101 (옮긴이주) 장강莊姜은 위衛나라 장공莊公의 부인이다.

102 (옮긴이주) 잉媵이란 시집가는 여자에게 딸려 보내는 여종, 즉 첩妾을 말한다.

103 (옮긴이주) 적嫡은 시집가는 여자, 즉 정처正妻를 말한다.

104 (옮긴이주) 시이枲耳는 쐐기풀과에 속하는 다년초로서, 섬유는 모시 의 원료가 된다. 여자의 도리 중 하나가 옷감을 마련하는 일이었으 므로, 그 원료가 되는 도꼬마리를 채집하는 것이다.

105 (옮긴이주) 왕계王季는 주나라의 선조 가운데 한 사람으로 문왕의 아 버지다.

106 (옮긴이주) 소공召公은 주나라 무왕 그리고 주공과 형제로 훌륭한 정 치를 펼친 사람이다. 그는 백성들을 번거롭게 하기 싫어 작은 감당 나무 아래 자리를 깔고 머물면서 송사訟事를 해결했다고 한다.

107 (옮긴이주)《시경詩經》〈국풍國風〉, "은기뢰殷其雷"에 의거한 말이다.

108 (옮긴이주) 생산한 곡식 양의 9분의 1을 세금으로 내는 조세 제도를 '구일조의 법'이라 한다.

109 (옮긴이주) 고신高辛은 주나라 시조인 후직의 아버지.

110 (옮긴이주) 관管과 채蔡는 관숙管叔과 채숙蔡叔을 가리킨다. 이들은 모두 주공의 형제들이다.

111 (옮긴이주) 천하를 다스리는 아홉 가지 큰 법이라는 뜻의 홍범구주洪範九疇는, 원래 우임금이 하늘에서 받은 계시로, 대대로 전해오다가 기자箕子에 이르러서 기자가 무왕의 물음에 대답한 후 비로소 세상에 알려졌다고 한다.

112 (옮긴이주) 구족九族에 대해서는 여러 가지 설이 있다. 가장 일반적으로 고조, 증조, 조부, 부모, 본인, 아들, 손자, 증손, 현손을 일컫는다.

113 (옮긴이주) 고요皐陶는 순임금의 신하로서, 어진 재상을 상징한다.

114 (옮긴이주) 오덕五德이란 인仁, 의義, 예禮, 지智, 신信을 말한다.

115 (옮긴이주) 추향追享이란 대체大禘, 즉 제왕이 시조를 하늘에 배향하는 큰 제사다.

116 (옮긴이주) 조향朝享이란 대협大祫을 말한다. 조상의 신주를 함께 모셔 지내는 제사다.

117 (옮긴이주) 참斬이란 참최斬衰를 말하는 것으로, 거친 베로 짓되 아랫단을 접어서 꿰매지 않은 상복이다. 삼년상에 입는다.

118 (옮긴이주) '상殤'은 성인이 되기 전에 죽은 사람이며, '무후자無後子'는 대를 이을 자손이 없는 사람이다.

119 (옮긴이주) 자신보다 아랫대의 제사를 수행할 경우 하제下祭라고 한다.

120 (옮긴이주) 적자適子, 적손適孫, 적증손適曾孫, 적현손適玄孫, 적래손適來孫을 말한다.

121 (옮긴이주) 먼 조상[遠祖]의 신위를 모신 묘를 조祧라 한다.

122 (옮긴이주) '소목昭穆'이란 종묘에 신주를 모시는 차례다. 천자는 태조太祖를 중앙에 모시고 이세·사세·육세는 소昭라 하여 왼편에, 삼세·오세·칠세는 목穆이라 하여 오른편에 모시어 삼소, 삼목의 칠묘가 되고, 제후는 이소, 이목의 오묘가 된다.

123 (옮긴이주) 오사五祀란 문門, 행行, 호戶, 조竈, 중류中霤를 말한다. 봄 제
  사를 '호'라 하고, 여름 제사를 '조'라 하고, 중앙의 제사를 '중류'라
  하고, 가을 제사를 '문'이라 하고, 겨울 제사를 '행'이라 한다.

124 (옮긴이주) 천자가 정사를 보는 궁전을 명당明堂이라 한다.

125 (옮긴이주) 가신家臣의 장長을 실로室老라 한다.

126 (옮긴이주) 임금에게서 직접 임명을 받은 관원을 달관達官이라 한다.

127 (옮긴이주) 활을 쏠 때는 힘의 정도가 다르기 때문
  에 반드시 과녁을 뚫어야 정곡을 맞혔다고 하는
  것은 아니다. 다만 가죽으로 만든 곡 부분에 맞
  추기만 한다면 비록 꿰뚫지 못하고 땅에 떨어졌

  다 하더라도 정곡을 맞힌 것으로 인정해준다는 말이다.

128 (옮긴이주) '서명西銘'이란 원래 '동명東銘'과 대비되는 말이다. 장재는
  강의할 때 동쪽 창 위에는 '폄우砭愚(어리석음을 경계함)', 서쪽 창 위에
  는 '정완訂頑(완고함을 바로잡음)'이라고 써 붙였는데, 정이가 글의 뜻
  이 너무 거창하다 하여 '동명'과 '서명'으로 고치도록 했다. '동명'은
  실천에 중점을 두고 있었으므로 '장난 삼아 하는 말[戲言]'과 '장난
  삼아 하는 행동[戲動]'을 경계하도록 했다. 그러나 이정二程(정호, 정이
  형제) 이래 학자들은 한결같이 '서명'을 더욱 중시했는데, 그 이유는
  무엇인가? 대략 두 가지 이유를 찾을 수 있는데 첫째, '서명'이 유가
  사상에서 최고 덕목으로 간주되던 인仁의 사상을 체계적으로 잘 드
  러냈기 때문이다. 둘째, 삶을 바라보는 유가의 태도를 불가나 도가
  의 태도와 뚜렷하게 구별지어주었기 때문이다. '서명'과 '동명'은 원
  래《정몽》의 일부분으로 〈건칭乾稱〉편의 첫 부분과 끝부분에 속해
  있었으나, 후대 학자들이 이를 강조하기 위해 따로 분절해냈다.

129 (옮긴이주) 신생申生은 진晉나라 헌공獻公의 태자로서, 헌공이 여융驪
  戎을 치고 여희驪姬를 데리고 온 후 여희가 신생을 모함했다. 신생은

사실을 아버지에게 말하려 하지도 않았으며 또한 도망가지도 않고 죽음을 담담히 받아들였다.

130 (옮긴이주) 증삼曾參은 공자의 제자로서 효자로 유명하다.

131 (옮긴이주) 백기伯奇는 주나라의 태사인 윤길보의 아들로 계모의 모함을 받았으나 아버지의 명을 잘 따랐다.

132 (저자주) 깨달음이란 의義도 있고 명命도 있으며, 죽음과 삶을 같이하며, 천天과 인人을 하나로 한다. 오로지 낮과 밤을 알고 음과 양을 통해야 그것을 체득해 둘이 아님을 알 수 있다.

133 (옮긴이주) 물이 깊고 고요한 모양을 담연湛然이라 한다.

134 Max Horkheimer, *Kritische Theorie*(Frankfurt am Main: Suhrkamp Verlag, 1977), 136쪽.

135 이 밖에 장재의 생애에 대해 참고할 만한 책으로는 무징武澄의《장자연보張子年譜》(1892년 각刻, '西京淸麓叢書' 본本), 사마광司馬光의《논시서論諡書》〈애횡거시哀橫渠詩〉, 이정 형제의《하남정씨유서河南程氏遺書》(권2 上, 10, 11, 15, 18, 19, 23), 정이의《이천문집伊川文集》(권5,〈재답再答〉,〈답양시론서명서答楊時論西銘書〉), 여대림呂大臨의《입관어록入關語錄》, 양시楊時의《귀산어록龜山語錄》, 범육范育의《정몽서正蒙序》등이 있다.

136 장재의 이름 '재載'와, 자 '자후子厚'는《주역》〈곤괘〉, "대상大象"의 "군자는 곤괘의 괘상을 본받아 스스로 그 덕을 돈후하게 하여君子以厚德載物"라는 구절에서 따온 것이다.

137 장대년張岱年,〈장재張載〉, 장입문 외 지음,《중국고대 저명철학가 평전中國古代著名哲學家 評傳(3卷 上)》(中國 濟南: 齊魯書社, 1981), 70쪽.

138 장재와 그의 사상을 가장 간단명료하게 평한 글이 바로《송원학안宋元學案》이다.《송원학안》중〈횡거학안: 부록橫渠學案: 附錄〉에는 장재와 그의 사상을 평하는 여러 학자들의 글이 짤막하게 소개되어 있는데, 여기서 대다수 학자들이 '고심苦心', '역색力索', '정사精思' 등의

표현으로 장재의 학문을 설명한다. 이것은 장재의 사상이 몇십 년에 걸친 고심 어린 탐구를 통해 체득된 것임을 역설해준다. 황종희 원저黃宗羲原著, 전조망보수全祖望補修(陳叔諒外重編),《중편송원학안重編宋元學案(一)》권12,〈횡거학안〉(臺灣: 正中書局, 1954), 169~184쪽을 참고하라.

139 오경五經, 즉 시경詩經, 서경書經, 역경易經, 춘추春秋에 악경樂經을 넣어 육경六經이라 한다. 다만 오늘날 악경은 구체적인 형태로 전해지고 있지 않다.

140 《장재집張載集》〈사마광논시서司馬光論諡書〉.

141 여대방呂大防은 장재와 동향인으로,《횡거선생행장橫渠先生行狀》을 쓴 여대림呂大臨의 형이다. 장재 사상에 영향을 받았으므로, 넓게 보아 관학자關學者라 할 수 있다.

142 이들은 유학 연구가 창의적·계발적이지 못하고 앞 시대 유학자들의 주장을 훈고하고 고증하는 데에 머문 것을 비판한다.

143 《장재집張載集》〈장자어록張子語錄〉,〈어록語錄〉중中 "爲天地 立志, 爲生民立道, 爲去聖繼絶學, 爲萬世太平".

144 《이정수언二程粹言》〈논학論學〉.

145 여기서 말하는 이중 구조란 하늘과 사람, 자연적 영역과 인간적 영역, 자연성과 사회성, 우주론과 심성론, 기와 성 등의 대비로 이해할 수 있다.

146 여대림,《횡거선생행장》.

147 《장재집》〈소병서蘇昞序〉.

148 진준민陳俊民,《장재철학여관학학파張載哲學與關學學派》(臺灣: 學生書局, 1990), 125~174쪽을 참고하라.

149 이 책 18쪽을 보라.

150 이 책 17~18쪽을 보라.

151 진유眞有[實有]는 '가유假有'에 대응되는 말로서, 기로 세계를 설명하면서 생겨난 말이다. 기가 모여서 만물을 이루게 되는데, 이것은 기의 진짜 모습이 아닌 '잠시 빌린 모습[客形]'이라는 점에서 '가유'라고 한다. 반면에 태허는 모여서 이루어졌던 만물의 기가 흩어지면서 다시 원래의 모습으로 되돌아간 상태를 말한다. 그러므로 태허의 상태를 실유 또는 진유라고 한다.

152 이 책 25쪽을 보라.

153 이 책 35쪽을 보라.

154 모든 인간이 추구해야 할 도덕적 본성을 장재는 천지지성天地之性이라 했고, 정이는 의리지성義理之性이라 했으며, 주희는 본연지성本然之性이라 했다.

155 〈중국 고전철학 중에서 몇 가지 기본 개념의 기원과 변천中國古典哲學中若干槪念的起源與演變〉, 《철학연구哲學研究》 2期(中國社會科學院哲學所, 1957).

156 《중국사상통사中國思想通史》(권4, 上)(北京 : 人民大學出版社, 1959).

157 장군매, 《한유에서 주희까지》, 김용섭·장윤수 옮김(형설출판사, 1991), 192쪽.

158 장군매, 《한유에서 주희까지》, 192쪽.

159 자연과 인간을 바라보는 관점이 서로 다르다는 의미이다.

160 주희는 자연과 인간의 관계를 두 가지 관점에서 이해했다. 즉 자연은 '사물의 입장(유물론적 입장)'에서 고찰하고 인간은 '이치의 입장(유심론적 입장)'에서 고찰했다.

161 용어 해설은 《사해: 철학분석辭海: 哲學分冊》(上海: 辭書出版社, 1980)을 주로 참고했다.

162 한편으로는 대립하면서 다른 한편으로는 조화를 추구하는 관계를 말한다.

강국주姜國柱, 《장재관학張載關學》(西安: 陝西人民出版社, 2001)

대표적인 장재 전문가의 저술이다. 저자는 1979년 〈장재의 이원론과 그 유심주의적 귀결점〉이라는 글을 발표하고, 1981년 〈장재의 철학 사상〉이라는 논문으로 중국사회과학원에서 박사학위를 받았다. 그의 학위 논문은 이듬해 요령인민출판사에서 단행본으로 간행되어 학계에서 큰 명성을 얻었다. 《장재관학》은 장재 연구 성과를 총정리한 강국주의 최근작으로 문체가 평이하며 설명이 자세하다. 특히 관학과 염학濂學, 낙학洛學, 민학閩學의 관계, 관학이 후대에 미친 영향 등 다른 책에서 찾아볼 수 없는 귀한 연구 성과들을 담고 있다.

갈영진葛榮晋·조복길趙馥洁·조길혜趙吉惠 엮음, 《장재관학여실학張載關學與實學》

(西安: 地圖出版社, 2000)

1999년 9월 장재의 고향인 중국 섬서성 미현에서 열린 '제1회 장재 관학과 실학 국제학술회의'에서 발표된 논문들을 정리한 책이다. 126명의 학자들이 참석한 가운데 발표된 총 62편의 논문을 모두 모은 만큼 장재 철학을 연구하는 현대 학자들의 동향을 제대로 살피는 데 가장 좋은 책이다. 특히 장재 철학을 실학으로 이해하는 대목이 눈여겨볼 만하다. 실학을 어떻게 정의하고 있는가, '한국적 실학'과 비교할 때 같은 점, 다른 점은 무엇인가 하는 물음을 가지고 읽어보면 좋을 듯하다.

야마다 케이지, 《주자의 자연학》, 김석근 옮김(통나무, 1991)
야마다 케이지는 교토 대학 인문과학연구소 교수로서 오랫동안 중국의 과학과 자연철학을 연구해왔다. 그는 주희의 자연과학적 지식을 다룬 몇 편의 논문을 모아 이 책을 펴냈는데, 서론에 해당하는 〈우주론전사宇宙論前史〉 부분은 장재의 우주론 연구에 매우 귀중한 정보를 제공하고 있다. 국내에서는 김영식 교수의 편저인 《중국 전통문화와 과학》(창작과비평사, 1986)에 〈중국 우주론의 형성과 전개〉라는 제목으로 '우주론전사' 부분만 따로 소개되기도 했다.

왕부지王夫之, 《장자정몽주張子正蒙注》(長沙: 嶽麓書社, 1996)
두말할 필요 없이 가장 대표적인 《정몽》 주해서로, 어떤 면에서는 원저작인 《정몽》보다 더 유명하다고 할 수 있다. 왕부지는 중국 공산주의 정부 수립 이후 가장 주목받아온 전통 철학자이며, 그의 사상적 선구가 바로 장재다. 《장자정몽주》는 단순히 《정몽》을 주해하는 데 그치지 않고 왕부지 자신의 철학 세계를 펼친 또 하나의 '고전'으로 평가받는다. 어느 정도 한학 실력을 갖추고 《정몽》을 심도 있게 연구하려는 사람이라면 반드시 읽어야 할 자료다. 특히 악록서사에서 출판된 《장자정몽주》는 구두점과 기타 필요한 표기가 현대식으로 자세하게 병기된 최신판으로서 참고하기에 편리하다.

유박문喩博文, 《정몽주역正蒙注譯》(蘭州: 蘭州大學出版社, 1990)
최근까지 국내외에서 간행된 현대판 《정몽》 역주서 가운데 가장 추천할 만한 책이다. 고증이 철저하고, 원문에 충실한 번역 외에 풍부한 해설이 달려 있다. 그리고 부록의 각종 자료들 역시 장재 사상과《정몽》을 연구하는 데 반드시 필요한 것들이다. 다만 까다로운 문장을 지나치게 자의적으로 풀이한 점은 주의해야 한다.

장군매,《한유에서 주희까지》, 김용섭·장윤수 옮김(형설출판사, 1991)
저자가 미국 정부의 도움을 얻어 미국 국회도서관에서 여러 해 동안 많은 연구 자료를 열람하고 탐독한 뒤 저술한 것이다. 원서 판본으로는 두 권으로 간행된 영어판과 1, 2권이 합본된 중국어판이 있는데, 이 책은 영어판 1권을 옮긴 것이다. 당나라 말기의 일단의 계몽적 유학에서 시작해 송나라 말기와 원나라 초기까지의 신유학을 범위로 한다. 장재에 대해서는 제8장 〈소옹과 장재의 우주관〉에서 다루고 있다. 미국의 중국철학 연구자인 더크 보드Derk Bodde 박사의 지적처럼, 생생한 기술과 자세한 설명은 좋으나 고증이 부정확한 점이 흠으로 남는다.

장입문 엮음,《기의 철학》상·하, 김교빈 외 옮김(예문지, 1992)
이 책은 중국 인민대학에서 기획한 '중국철학 범주정수 총서中國哲學範疇精粹叢書' 가운데 하나로서 '기' 개념을 집중적으로 다룬 것이다. 중국 전통철학의 많은 용어들 가운데 가장 일반적이며 가장 중국적인 개념의 하나가 기라는 점을 생각하면, 이 책의 가치를 손쉽게 인정할 수 있을 것이다. 중국 공산화 이후 유물론과 변증법이라는 두 잣대로 전통 철학을 해석해왔는데, 이 책은 개혁·개방의 바람이 한창이던 1990년에 출간되었다는 사실을 염두에 둘 필요가 있다. 즉 중국의 현대 철학자들은 전통 철학을 어떻게 해석하고 이해하는지 살펴보는 데 도움이 된다. 오노자와 세이이찌 등이 쓴《기의 사상》과 비교하면서 읽는 것도 흥미로운 방법일 듯하다.

장윤수 엮고 지음, 《정주철학원론》(이론과실천, 1992)

'정주 철학 사료집'의 성격을 띠고 있는 이 책은 북송오자로 불리는 주돈이, 소옹, 장재, 정호, 정이와 이들 사상의 원류로 여겨지는 한유韓愈, 이고李翱의 주요 저술을 번역하고 해설한 것이다. 그리고 주희와 육구연 형제 간의 문답 편지를 통해 주·육 양 학파의 사상적 차이를 부각시키고자 노력했다. 특히 장재에 대해서는 200쪽이 넘는 분량을 할애해 《정몽》과 〈서명〉, 〈동명〉을 풀이하고 있다. 신유학 전반을 이해하고 장재의 기본 저작을 살펴보기 위해서 참고할 만한 책이라 여겨진다. 다만 《정몽》의 경우 배경 설명이 부족하다는 점이 아쉬움으로 남는다.

장재張載, 《장재집張載集》(北京: 中華書局, 1978)

현존하는 장재의 기본 저작물 가운데 가장 뛰어난 간행본이다. 〈정몽〉(〈서명〉, 〈동명〉이 포함되어 있다), 〈횡거역설橫渠易說〉, 〈경학이굴〉, 〈장자어록張子語錄〉, 〈후록後錄〉, 〈문집일존文集佚存〉, 〈습유拾遺〉 등 지금까지 전하는 장재의 모든 저술을 수록했으며, 각종 판본에 근거하여 빠진 부분을 채워 넣고 교정했다.

정해왕 옮기고 주석, 《정몽》(명문당, 1991)

말 그대로 《정몽》만을 옮기고 주석한 책이다. 직역에 의거한 번역이 크게 무리가 없으며, 출전을 밝히는 작업도 비교적 성실한 편이다. 그러나 단순한 번역과 출전 명시 외에 어떤 해설도 덧붙이지 않아 《정몽》의 전체 내용을 쉽게 꿰뚫고 싶은 일반 독자와 이 책의 철학적 배경을 궁금해하는 사람들에게는 한계가 있다.

진준민陳俊民, 《장재철학여관학학파張載哲學與關學學派》(北京: 人民出版社, 1986)

장재와 그 후학들의 학문 체계를 다룬 저작 중에서 가장 주목할 만한 책이다. 학계에서는 '고전'에 가까운 저작으로 평가받을 만큼 내용이 성실하고 철학 체계 또한 탄탄하다. 특히 그동안 거의 주목받지 못했던 관학학파를 본격적으로 다루고 있다는 점이 특색이며, 장재 철학에 대해서도 관심을 가질 만한 내용을 충분히 제공하고 있다.

오노자와 세이이찌 외, 《기의 사상》, 전경진 옮김(원광대학교출판국, 1987)

'기란 무엇인가'라는 주제를 역사적으로 추적해낸 책이다. 즉 '기'라는 개념이 언제 어떻게 형성되었으며, 역사의 추이를 따라 어떤 모습으로 변모해왔는지를 추적했다. 수십 명의 전문 학자가 4년 동안 하나의 주제를 가지고 집중적으로 연구한 성과를 담은 보기 드문 좋은 책이다. 장재에 대한 언급은 소략하지만, 장재 기론의 배경을 제대로 이해하기 위해서는 반드시 읽어보아야 할 책이다.

장윤수 ysjang@dnue.ac.kr

경북 안동에서 태어나 자랐다. 부계 쪽의 유가적 전통과 모계 쪽의 기독교 적 배경을 갈등 요소로 안고 있었으나, 자라면서 점차 기독교로 기울었다. 목사가 되겠다는 꿈을 안고, 철학이 목회자 생활에 도움이 된다는 막연한 조언을 따라 경북대학교 철학과에 입학한다.

대학 시절, 신앙생활에 도움이 될 것이라고 믿었던 철학의 끊임없는 괴롭힘 과 더 이상 예전의 소명 의식을 회복할 수 없을 것이라는 자각 아래 목회자 의 꿈을 접었다. 이후 철학 고전 연구 모임을 통해 조금이나마 철학 공부의 맛을 알게 되었다. 그리고 어릴 적 그토록 싫어했던 '태생적' 전통문화의 배 경이 향수를 자극해 동양철학을 전공으로 선택하는 희미한 계기가 되었다. 중국 신유학 연구로 동양철학 연구를 시작해 현재는 한국 성리학과 동양 교 육 사상에 많은 관심을 기울이고 있다.

경북대학교 철학과 대학원에서 박사학위를 받았으며, 신라대학교 철학과 교수를 거쳐 현재 대구교육대학교 윤리교육과에 재직하고 있다. 중국 서 북대학교 인문학원 객좌 교수로 활동하고 있으며, 한국동양철학회장을 역 임했다. 《도, 길을 가며 길을 묻다》(대한철학회 운제철학상 수상) 외 20여 권의 저서와 《중국문화정신》(중국국가출판협회 우수번역도서상 수상) 외 10여 권의 번역서가 있다. 주요 논문으로 〈강안학의 학문 정체성과 몇 가지 문제점 검토〉 등이 있다.

정몽

초판 1쇄 발행 2002년 11월 25일
개정 1판 1쇄 발행 2023년 8월 16일

지은이 장재
옮긴이 장윤수

펴낸이 김현태
펴낸곳 책세상
등록 1975년 5월 21일 제2017-000226호
주소 서울시 마포구 잔다리로 62-1, 3층(04031)
전화 02-704-1251
팩스 02-719-1258
이메일 editor@chaeksesang.com
광고·제휴 문의 creator@chaeksesang.com
홈페이지 chaeksesang.com
페이스북 /chaeksesang   **트위터** @chaeksesang
인스타그램 @chaeksesang   **네이버포스트** bkworldpub

ISBN 979-11-5931-948-8 04080
      979-11-5931-221-2 (세트)